岩波現代文庫／学術 381

臨床家 河合隼雄

谷川俊太郎
河合俊雄
［編］

岩波書店

目　次

〔序論〕

臨床家・河合隼雄

河合俊雄

臨床家

父河合隼雄は、特に晩年は非常に多方面にわたって活躍していたけれども、その基本が心理療法であることはゆるぎのないものであった。文化庁長官になっても、何人かの昔からのクライエントには、なんとか時間を作って定期的に会い続けていた。長年のクライエントさんで、ついには生活保護を受けるようになってしまって、昔に設定した料金(おそらく一万円)がとてもではないが払えなくなってしまったのに対して、一セッション五〇分間で一〇〇〇円という料金設定で面接している人さえあった。ここには、料金を払ってもらい、どこまでも心理療法の枠を守ることを大切にしつつも、クライエントの状況に配慮して、心理療法を続けていこうとした父の強い意志のようなものが感じられるのである。二〇〇六年八月一六日の倒れる最後の日も、京都の事務所でクライエントに会っていた。実はその日は、既にとても体調が悪くて、それでもキャンセルもせずに面接に行っていたのである。しかもその夜に音楽会にまで参加して、命を縮めてしまった。誰にも危機的状況に気づかれずに。他人の状態に気づかいつつ、自分に関しては誰も気づいてはくれないというのは、心理療法家の宿命であるかもしれない。

この『臨床家 河合隼雄』の巻で、残念ながらクライエントの手記はないけれども、何人かの分析体験やスーパーヴィジョン(自分の心理療法の指導を受けること)の体験、さらには事例検討での発言を通じて、臨床家としての河合隼雄の姿はかいま見ることができるのではないかと思う。分析家や心理療法家になるために分析を受ける教育分析と言っても、それは症状や問題を持って受けにくる心理療法と変わりがないものであるのが、読まれると実感できるのではないだろうか。自分の貴重な体験をここで披露していただけた先生方に感謝したい。心理療法家が事例研究を発表しても、そこにはクライエントだけではなくて、自分のことが多く現れてくる。逆にクライエントの側がセラピストや分析家のことを報告しても、そこには自分のことが多く現れてくるのは避けられない。だからこそ複数の人の体験を通して、分析家・河合隼雄の姿を彷彿していただければと思う。編者からしても、一番自分の感覚に近いものがあるように、読者も、自分の感覚に近い手記から、臨床家・河合隼雄の姿に近づいていただければと思う。また逆に河合隼雄の最初の分析家であるシュピーゲルマン先生にインタビューすることで、クライエント側に立った河合隼雄の姿も描き出そうとした。高齢にもかかわらず、インタビューのために日本を訪れ、またわざわざ父河合隼雄の墓参りにまで行かれたシュピーゲルマン先生に感謝したい。お墓参りに行かれた際に、ちょうど太陽のまわりに丸い虹がかかって、感動されていた。

自分自身が有名になったこともあって、父河合隼雄は、学者だけではなくて、芸術家、政治家、財界人に至るまで、様々な分野での一流の人々と交流があったけれども、そのような人々がいくらすばらしくても、クライエントに会っていたことによる経験というのは他に代え難いものがあると思う。ユングも彼の患者たちとの関係について、次のように述べている。「心理学的水準の異なる多くの人々との出会いは、私にとっては名士たちとの断片的な会話とは比べものにならないほど重要であった。私の生涯のうちで最もすばらしくかつ有意義な会話は、無名の人々との会話であった。」[1]

河合隼雄の臨床は、よく本人も繰り返し強調しているように、何もしないこと、その無為のすごさに一番特徴づけられると思う。何もしないことで器を提供し、クライエントの自己治癒力や起こってくることに開かれていこうという姿勢を基本的に持っていた。その器の大きさと、同時にそこでほとんど偶然のように生じてくる不思議な出来事に自分の臨床をかけていたように思われる。「人間力」と自分で呼んでいたけれども、自分が関わることによって不思議なことが起こってくることには、相当な信頼と自信を持っていた。そしてそれは何よりも、何もしないことが、同時に激しさを秘めていることにも関係しているように感じられる。あまり表には出さなかったが、とても激しい人であった。

河合隼雄の事例発表を何度か聞いたことがあるが、発表のさなかに感極まって突然に泣いたのをしばしば目撃した。それだけの強い思い、激しい思いで会っていたのだ。でもそれは何もないかのように、何もしていないかのように見えるのが河合隼雄の臨床であった。

もちろん臨床家というのは、何もかもうまくいくのではない。河合隼雄が会っていてもうまくいかないクライエントがいたのも事実である。けれどもどこか自分を超えたものにふれようという姿勢は一貫していたように思う。

出会い

臨床家というのは、会えるクライエントの人数が極めて限られている。もちろんスーパーヴィジョンや事例検討会を通して、間接的にも接することができるけれども、それでも限られていると言えよう。河合隼雄の特徴は、狭い意味での心理療法という領域を超えて、多くの人々に出会い、また影響を与え、さらには著書を通じて、多くの人に影響を与えたことであろう。その場合にも、臨床家という基本姿勢は変わらなかったと言えよう。

既に様々な機会での追悼のことばによって、多くの人によってふれられているけれども、この巻では、なるべく重ならないようにしつつ、何人かの人に河合隼雄との出会いを書いていただいた。全てにはふれられないが、谷川俊太郎氏と山田馨氏の対談は、これまであまり知られていない河合隼雄の姿を見せてくれたのではないかと思われる。また佐渡裕氏の手記からは、先の分析体験と同じように、河合隼雄との体験が本人にとっては非常に貴重なものであったことがうかがわれる。それをこの機会に読者と共有していただくことに同意していただいた氏にこころから感謝したい。雑誌『飛ぶ教室』にもとても本質を捉えているという印象の河合隼雄の思い出を書かれているが、それとは違うことを書いていただいたけれども、まだ黙するものがあるからこそ、語ることもできたと思いたい。

亡くなってからも、家族や出版社の方に、読者から手紙が届くことがある。読者から、河合隼雄から受けた影響などについて、この巻に載せる原稿を公募しようという案も編者たちの間ではあったけれども、最終的にはその案は見送ることになった。いいものであればあるほど、大切であればあるほど、それをことばにしてしまい、また公になることのリスクが、当人にはあるのではなかろうか。だから一般人ではなくて、公的な立場にいて、多少とも自分を見せることに慣れている人に、主に読者としての河合隼雄との出会いについて書いてもらうことになって、それをソニー(現在は、国立研究開発法人産業技術総合研究所理事長)の中鉢良治氏にお願いした。一度お会いになっているので、純粋な読者ではないかもしれないけれども、無理な願いを聞いていただき、感謝したい。

死者との出会い

河合隼雄について、多忙だったせいもあって、ずいぶんと勝手であったという批判もあるかもしれない。個人的には、あれほど勝手に生きて、なおかつあれほど人のために生きた人もいないと思っている。その矛盾がまさに両立する生き方であった。

いろいろなことを時々忘れたりもする父であったかもしれないけれども、ただ一つ絶対的に律儀であったことがある。それは死者との約束である。残念ながら、父は何人もの大切な人と死に別れた。とてもバランスのよかった父にとっては、もしも自分がもう少し先鋭化してしまうと、それは死を意味するかもしれないと常に意識していたのかもしれない。それはともかく、死者との約束は本当に律儀に守った。それは亡くなった人から生前に直接頼まれていたこともあるし、また父が密かに死者に対して誓っていたこともあると思われる。

そのようなことを見ていると、河合隼雄はこの世の人とのつながりだけで生きていたのではないであろう。臨床家・河合隼雄は、間違いなく死者とのつながりでも生きていたし、死者に出会っている人であった。読む本に、線を引いたり、キーワードを書き込んだりすることがある人であったが、書斎の援助交際についての本に、女の子が「おじいちゃんが見ている」と発言しているところに線が引いてあった。およそお墓参りなどしなかったけれども、死者のまなざし、死者の存在を意識して生きている人であった。

高松塚というお墓、死者のことで疲労困憊し、京都では五山の送り火と言って、お盆に死者たちが送り返される日に意識を失っていった父は、死者たちに召されていったとしか思えないのである。

死者としての語り

そして河合隼雄は自らが死者となってしまった。しかし河合隼雄にとって死者が生きていたように、われわれにとっても河合隼雄は死者として生きているのではないだろうか。そして臨床家として、われわれに出会ってくれるのではないだろうか。ヒルマンは河合隼雄追悼シンポジウムでの「笑いと沈黙」と題された基調講演で述べている。「『死者』とされている者は『沈黙している』と言うわけにはいきません。実のところ、魂にとって死者の沈黙ほど強い語りはないのです」「死者たちは、思い出という内なる耳に語り続け、その人たちの本を読めば、ページから立ち上がってくる言葉の響き、フルートの反響、そして、空っぽの心の現れとしてささやき続けるのです(2)」。

ところで、生前を知っていた人、親しかった人にとっての河合隼雄ばかりではなくて、著者としての河合隼雄も残っていくのであろうか。河合隼雄は、語らぬことの多かった人として位置づけられていることが多い。確かに、抑制をきかし、ちょうど多くの人が理解できるところにとどめておいて、それ以上を書かないというスタイルを貫いてきたようにも思える。その意味では、多くの人が、もう少し生きていてくれて、新たな作品を書いてくれていたらという思いをもつかもしれない。

筆者も、河合隼雄のそのようなスタイルに、物足りなさを感じていた者の一人である。今度はもう少し書いてくれるであろう、またそのうちに書いてくれるであろうという期待を読者に与えがちだったかもしれない。可能性と余韻を将来に残しつつ。しかしもはや彼は書いてはくれない。そのような状況になって、改めて河合隼雄の著作を読んでみると、全然印象が違うことに気づかされた。まだあるかもしれないというのがなくなって、作品がいわば閉じられてしまうと、これまでの作品が全然違うインパクトで立ち現れてきたのである。本当に思ったことは書かないと公言しつつも、実は河合隼雄は既に書いていたのではないか。

そうすると、河合隼雄は死んでから死者になったのではなくて、既に死んだものとして語り、そのつど遺言を述べていたのではないか。河合隼雄が単なる時代の流れに乗った存在として終わるか、それとも死後も臨床家として、思想家として語り続けるかどうかは、生前に遺言として、既に死者として語っていたかどうかにかかっているのである。

たとえば『ユング心理学と仏教』は、心理療法について、かなり思い切ったことを書いた本であると思われる。その中には、存在や人間関係全般について、非常に本質的なことが述べられていて驚かされる。これについては、ここに収録される拙稿「河合隼雄との三度の再会」を参照されたい。

岩波現代文庫版に関して

本書は、河合隼雄没後二年の二〇〇九年に刊行されたが、第二版が出た後、しばらく品切れになっていた。この度、河合隼雄生誕九〇年を記念する意味もあって、岩波現代文庫で復刊されることになり、非常にうれしく思っている。

復刊に際しては、文庫版としての性質、初版からの様々な状況の変化や新版としての付加価値などを考慮して、いくつか変更を加えた。『生きたことば、動くこころ――河合隼雄語録』(岩波書店、二〇一〇、岩波現代文庫、近刊)が出版されたために、河合隼雄語録に関する章は割愛した。また伊藤良子「河合隼雄の心理療法」は、文庫版にはやや専門的過ぎるという判断で含まれないことになった。また河合俊雄の講演「河合隼雄との三度の再会」を新たに収録した。復刊、および割愛に同意していただいた著者の方々、講演の再掲を認めていただいた上廣倫理財団および弘文堂、そして岩波現代文庫編集部の中西沢子さんに感謝したい。

［文献］
（1）C・G・ユング、ヤッフェ編（河合隼雄他訳）『ユング自伝1』二一〇頁、みすず書房、一九七二。
（2）ヒルマン（河合俊雄訳）「笑いと沈黙」『日本における分析心理学』ユング心理学研究第一巻特別号、一三一—三二頁、創元社、二〇〇九。

河合俊雄（かわい　としお）
一九五七年生まれ。京都大学大学院教育学研究科博士課程中退。Ph.D. 京都大学こころの未来研究センター教授。著書に『概念の心理療法』（日本評論社）、『ユング——魂の現実性』（岩波現代文庫）、『心理臨床の理論』（岩波書店）、『ユング派心理療法』（編著、ミネルヴァ書房）など。

〔記録〕

家を背負うということ——無気力の裏に潜むもの

コメント　河合隼雄
事例提供・編　岩宮恵子

解説

岩宮恵子

今回、河合先生が専門家対象の事例検討の場でどのようなコメントをされていたのか紹介する役割を担当させていただくことになった。

これは、一九九二年一二月一〇日に鳥取県米子市で行われた研修会での河合隼雄先生の事例コメント記録である。この記録は、当時、自分の勉強のためにと、コメント録音の許可を河合先生に依頼して録らせていただいていたものである。コメント記録を紹介するにあたって、河合先生の親しみ深い関西弁の言い回しや、人間味あふれる語り口をどの程度残すべきか、テープ起こしのそのままの順序に忠実に再現するべきかなど、かなり悩んだ。

もともと文章に残ることを前提として河合先生が話されたものではないということもあり、その場でのフロアからの質問をもとに、自由な連想で話がふくらんでいる部分もある。また、発表者である筆者自身も、そしてフロアのメンバーも、夢の解釈や箱庭の見方についての知識が少ないこと、そして初心者が大勢いることなどを前もってお伝えしていたこともあって、初心者向けの一般的な臨床についての心構えなどについてのコメントも事例から発展して語られている部分も多い。

しかしせっかくのコメントなので、事例から少し離れて初心者への教育的配慮で語っていただいている部分も含め、そのすべてを紹介したい。ただ、コメントのなかで、事実関係や治療者の感じていたことや治療者の判断などについて質問を投げかけられた部分などは、事例概要のほうに組み込むようにして質問やその答えを省き、コメントのみを独立した形でまとめた。

今回、改めて先生のコメントに向かいながら、河合先生がいかに初心者からベテランまであらゆるレベルに対して親切で、学ぶことの多い示唆を与えてくださっていたのかを痛感した。

なお、プライバシー保護のため、事例の概要の細部と、コメントで触れられなかった部分については削除し、変更を加えている。

事 例 概 要

〈クライエント（来談者）〉 Aさん 二五歳 女性

〈主訴〉 何をする気も起きない。何をやっても楽しくない。

〈生育歴・現病歴〉

予定日をかなり過ぎて生まれたのに、二〇〇〇グラムしかなかった。養育者は母だったが、同居の父方祖父母の干渉がかなりきつかった。小さい頃から大人しく、目立たず、人となじみにくかったが、小・中学校を通じて、まったく友だちがいないわけではなかった。

一八歳時、高校卒業と同時に、食料品の販売員として就職する。「やる気が起きなかったし、楽しくもなかったが、こんなものだろうと思って働いていた」と言う。まったく休むことなく、周囲から注意を受けることもなく、そつなく仕事はこなしていたが、二二歳時、人事異動を契機に「何となく嫌になって」退社。その後三回、家族に働くよう言われてパートに出るが、その度に体調が悪くなりやめていた。身体のだるさ、息苦しさや食欲不振を訴えて内科を受診するが、疾患はいつも否定され、家族からは仮病だと思われていた。精神科クリニックにも受診歴があるが、軽い鬱病だから気にするなと言われ、投薬を受ける。さまざまな薬物が試されたが、まったく調子は変わらなかった。

ここ二年間はずっと家におり、通院もしていない。家事の手伝いも何もせず、一日中ただ部屋でぼーっとしている。「外出することを考えただけで気が滅入るが、怠けていないで何かしろと言われるのが嫌でたまらず、家にいても辛い。自分でもわけがわからないので、ふんぎりをつけようと、今までとは別の精神科を受診しようと思った」と語る。

Aさんは話しかけるとその瞬間には笑顔も出るが、すぐにすっと表情が戻る。二〇代の女性のもつ華やかさはなく、控えめで落ち着いているが、印象がとても暗い。販売などという接客が主業務の仕事をそつなくこなしていたというイメージは湧きにくい。

〈家族〉

父方祖父八〇歳、父五三歳(公務員)、母五一歳(和裁内職)、弟二一歳(大学生。県外在住)の五人家族。父は外では腰の低い人だが、家ではわがままで横暴。母はそんな父の言うなり。二年前に祖母が亡くなってから、口うるさい祖父の面倒を母がみている。弟は家が暗いのを嫌がってめったに帰ってこない。

〈面接経過〉

精神科医の診察で鬱病は否定されたため、心理療法に導入することとなる。眠りが浅く、熟睡感がまったくなく、夢をよく見るということだったので、夢を書き留めて持ってきてもらうように伝える。投薬は当分なしで心理療法だけで経過をみることに。週一回、五〇分面接（保険診療）の治療契約で開始する。

#1　夢を書き留めるのは、けっこう大変だったと言いながらも記録してくる。広告の裏に鉛筆で弱い筆圧で薄く書いてあるが、字はとても丁寧できれい。

夢1：セールスの人が来て（メガネをかけた神経質そうな男と、ふつうの話しやすそうな女）、商品説明をする。ホースの水が二人にかかり、タオルを貸す。家のもの（母親と祖父）は、二人のことを嫌がるが、自分は気に入ったので、また来るようにと書いたメモを渡す。

男は、初診の医師で、女は筆者ではないかと思われた。「セールス」や「商品説明」からは治療的接近が連想された。また治療による変化を家のものたちはどうやら望んでいないようだ。

夢2：仕事から帰ると、テラスの縁に知らない若い男が座っていた。小学生の弟が食事中だったが、母はその男に気を遣っておかずを出した。その男に名前や年を聞いても、反抗的な態度をとって言わなかった。何だか理論的な反抗の仕方だった。弟は男に対して怯えていた。その後、父親が帰ってきたので弟は安心だと言ったが、私はそうは思えなかった。その男はいただきものを、自分はいらないので捨てると言っていた。そのいただきものは、男に親切にしてくれる人からのものだった。男がとった態度に対して、腹が立ったのを覚えている。

Aさんから「腹が立った」というような強い感情が表現されるのに驚く。しかし、報告はあくまでも淡々と行われ、何の感情も込められないし、連想を聞いても何も出て来ない。

予約日が大雨と雷のため、次回はキャンセル。

＃2　弟が帰省してきた。弟には父はとても気を遣う。卑屈なぐらい。弟は家が嫌いなので、ほとんど誰とも話さず、あっという間に帰って行った。四年間勤務していた店について訊ねると、「お互いの家族のことまで深く知っているような、しがらみの多い職場だった。もっとさらっとした関係で勤めたかった」。

＃3　ここには自分よりも母が来たほうが良さそうな気がする。母の方がずっと変わらなくてはならない人だと思う。親しい友人は欲しいが、心を開くとどろどろとして醜いものがお互いに出てきそうなので深入りしたくない。家族は、「したいことをしてはいけない」という雰囲気が強く、どれだけ家族のために我慢しているかと恩を着せ合っており、家に寄りつかない弟だけが生き生きと自由に生きている。

このようなことをさらさらとした調子で、薄い笑顔まじりに話し、内容から受けるほどの深刻さはその語り口にはない。

夢3：何人かの人の中で、自分が何かを訴えていた。足の悪い人(小学校五、六年の時に仲が良かった人。実際には足は悪くない。今は音信不通)と、目の見えない人(全然、知らない人)の真ん中に自分がいて、二人をどこかの会場みたいなところへ誘導していた。

連想：夢のなかの仲の良かった人とは、中学のときに別れて、それ以来、話をしたことがない。その友だちに誘ってもらって一緒に登校していたが、自分がよく遅れるので、怒って絶交されてしまった。別に一緒にいたいわけでもなかったから、絶交されても何とも思わなかった。

無理に突っ張って「何とも思わなかった」と言っているわけではなく、ほんとうにこの人は何も感じていなかったのだろうと思わされる。

夢4：夜だった。個人病院のようなところから、帰りが遅くなったからということで、誰かに送ってもらった場所が、二つの仏具店の間だった(そこに車が止まった)。怖くは

なかった。

駅前のどこかの道を歩いていた。その時は足が思うように動かなくて、水の中を歩くように力をふりしぼって歩いていた。

連想：そう嫌な夢ではなかった。目が覚めたときに疲れた感じがした。力をふりしぼって歩いているというAさんに、見えないところで使っている力を感じる。仏具店の間という、死に近いところにAさんはいるのだと思った。

＃4　何もする気がおきない。とにかく、毎日が重い。

夢5：母と私とで、淡々と線香に火をつける作業をしている。すると弟が私の背中にマッチで火をつけ、暴言を吐いて好き勝手なことをし始めた。「今まで我慢して穏やかにしていたが、もうやめた」と私の部屋を占領しながら母に向かって怒鳴った。やりきれなくなった私は、裁ちばさみで弟を殺そうとして手に取ってみたができなかった。殺すのがいけないことだとは思えなかった。父や祖父も登場したように思うが、よくわからない。

連想：夢の中で「なぜだろう。どうしてこんなことになったのだ。自分が何か悪いことをしたのか」と考えていた。考えながら目が覚めて、その時、とても悲しかった。悲しかったと言うが、表情や口調からは感情が伝わって来ない。

#5〜6　父は、仕事を辞めたいのに家族のために辞められないんだといつも愚痴を言っている。自分の家も不幸だと思うが、もっと不幸な家もあると思う。私は幸せになんかなりたいとは思わない。したいことをした後は罪悪感が湧く。

夢6：弟の作った物を見て、弟の生前のことを想って悲しんでいた(小学生の夏休みの工作のようなもの)。弟は登場せず、小学生のまま死んでいたようだ。

連想：目が覚めたときは、モアーっとした感じだった。悲しくはなかった。

#7〜10　本を読もうと思っても頭の中に内容が入ってこない。どんどん無感動になっていく自分が嫌だ。

夢7：デパートで働いている。同い年くらいの女の人と、仕事をほっぽり出して散歩に行った。知らないうちに、後ろから自転車に乗った小学生の男の子がついてきた。その子に声をかけ、同意のうえで三人で歩いた。しばらく歩いていたら、細川たかしと奥さんが庭でくつろいでいた。そして結婚式の引き出物のような砂糖菓子をくれた。その菓子は、甘いだけでなく、塩辛いような妙な味がした。それから帰ろうということになり、また三人で歩き始めたが、男の子は自然にいなくなった。元の場所に戻り、連れの女の人とも別れた。

連想：連れの女の人は、大人っぽく、都会的でパッパッと動くような人だった。小学生の頃のことはほとんど覚えていない。運動会や家族旅行も事実としてはあったような気がするが、よくわからない。幼稚園の頃から、もうすでに楽しむことがなかった。

夢８：弟（現在の）が、自分でナイフを使って、右足の足首のところと、左足の膝の下のところを切断した。血も体液も出ず、足の骨もなかった。切り口はちょうど冷凍のさしみ（まぐろみたいな）を半解凍して切ったようだった。移動は私が弟を抱いて行った。このときは、弟が一〜三歳くらいに変化していた。外に出て、玄関のところでひとりの中年の女の人を見送った（雨が降っていた）。見送ったのは私を含めて数人いた（すべて知らない男女）。このとき、私は弟を抱いていたはずなのに、弟ではなく、店に勤務していたときにお世話になった同業者の女の人に変わっていて、その人と普通に話していた。

連想：この女の人は、家事も仕事もできるし、とにかくすべてのことがこなせる美人だった。

夢９：家族四人でどこかの料亭か旅館の座敷にいた。家族は現実のものではなく、小学校低学年の男の子と二、三歳くらいの女の子、夫が関取の朝潮で、私がその妻だった。男の子は、他のお客さんからおもちゃを貰い、私は女の子の世話をしていた。戦前の雰囲気だった。いきなり場面が変わり、座敷が大広間になって部屋ごと空を飛んでいた。

一方は壁がなく、地上が見えていた。その時、家族は存在せず、私はひとりになっていた。初老の白い服(死に衣装のよう)を着た男の人が、その座敷から飛び降り自殺をしようとしていたのを私は引き留めた。そのことが四、五人の男の人たちに反感を持たれ、私を暗殺することにしたと告げられた。そして、この男の人たちは、まったく知らない人で、忍者のような感じがした。そして、私はソ連の秘密警察のような組織に命を狙われ、逃げ回った。私も逃げながら抵抗していた。暴力団の抗争のようだった。私の命を狙ったのは外人。殺されず、闘っているところで目が覚めた。

連想：とても面白い夢だった。

この夢の話題をしながら、自然な笑顔が見られるようになる。

#11〜14　夜は寝付けず、明け方五時頃にならないと寝られないが、眠れないことに関して特に悩んだりはしていない。小学校の時、トラックにひかれかけてよけたはずみでドブに落ちて以来、自転車には乗っていない。自分でも情けなくて笑ってしまったし、家に帰った時も母に笑われたのを覚えている。

#15〜17　二〇歳頃から抜け毛が激しく、病院にも通ったことがある。上手に隠しているからわからないが、地肌が見えている。髪が抜けると頭にものが当たっても守れな

いので困るなと思うが、男の人を私は意識しないので、美容上のことはさして気にならない。

夢10：都会的な町の中に自分がいた。その時、大地震が起こり、建物があちらこちらで崩れ始め、そこから逃げた。一緒に父も逃げていた。逃げる自分の後ろから地面が盛り上がって地割れができた。私の前に突然、五、六歳の弟が現れ、一緒に逃げた。弟が変な方向に逃げたので、私は名前を大声で呼んで自分の方へ来るように言った……とところで目が覚めた。

連想：今回の夢は、久しぶりに少し恐怖感があった。自分の行く方向に地割れが起こっていた。逃げなければ、と必死になっていたようだった。弟には、ひっぱっていかれるよりも手助けをしてやっているほうが楽。目が覚めた時は、身体が疲れていた。

#18～28　この時期は、夢の報告がまったくなく、治療が一番、苦しい時期だった。「すごく不幸というわけでもない、かといって幸せでもない、私はなまぬるい不幸に浸っている。でも、もうそれでもいいと思う」「ホームドラマなんて、あり得ない、うその話なんだと思う」「したいことをした後は罪悪感が湧く。それより我慢して家のために犠牲になっていたほうがまし」とさめた口調でぽつりぽつりと繰り返すだけで、会話もまったく広がらない。自由画や箱庭に誘ってみたがあっさりと断られる。やがて筆者

は、Aさんと会った途端に、暴力的な睡魔に襲われるようになった。待合室にAさんの姿を見ただけで、ぐらっと足もとが揺らぐほどの眠気だった。面接中は、意識を失わないようにするために、自分の足をつねったり、ボールペンで刺したりするようなむなしい努力を重ねていた。

Aさんは体調が悪いらしく、吹き出物が顔中にでき、咳が止まらないこともあった。しかし、体調を聞いても、別にたいしたことありませんという答えが返ってくるだけで、それ以上話題が進むことはなかった。困り果てた筆者は、なかなか眠れないというAさんの言葉に飛びつき、医師に睡眠導入剤の処方を依頼して、何とかこの睡魔と無力感から脱しようとしたが、これは完全に筆者側のアクティングアウト(心のなかの動揺や危機をそのまま行動で表してしまうこと)だった。そんななかで、Aさんから薬は飲みたくないと言われ、なす術をまったく失ってしまった。この時期はなぜか非常に「死」を近く感じており、何とかAさんに生き延びてほしいと祈るような気持ちを強く持っていた。

どんなに天候が荒れても、体調が悪そうでも、この時期、一度も面接のキャンセルはなかった。体調が悪くなると、すぐに勤めを辞めていたことを思うと大きな変化であり、それはAさんにとってとてもよい変化であると頭では考えていた。しかし正直なところ、一度くらい休んでくれたらいいのにと思うほど、彼女と会っているときの底なし沼に引きずり込まれるような感覚は苦痛だった。この感覚は他のどんな重症のクライエントと会うよりも強烈なものだった。

＃28で、「弟に、役立たずのデクノボウと罵られたのがここに来ようと思ったきっかけだった」と語られた。そのときやっとのことで、ここしばらくの間、筆者自身が、Aさんの中核の苦しみである、何もできないただのデクノボウになる体験をしていたのかもしれないと思い当たった。

＃29〜36　今までいくら勧めても興味を持たなかった箱庭に関心を持ち、勧めると喜んで取り組む。箱庭1〜8。

＃37　**箱庭9**：「結婚式」とタイトルをつける。新郎新婦が祝われているシーン。「自分が新婦というわけではない」と言う。

この頃から、Aさんは興味が出てきたという古典芸能や骨董などについて話し始めた。筆者は自分の興味と重なることもあって、とても彼女の話が楽しみになり、彼女からいろいろな知識を学んでいった。

＃38　**箱庭10**：「十戒」。海が割れ、モーゼが人々を新天地へ誘うシーンを迫力満点に作る。

「この前、眼鏡を作った。世の中がよく見えるようになった」と笑う。

#39　暗くて重い夢を見たとのことで、すぐに夢の報告から始まる。

夢11：母と二人で汽車に乗っていた(青いディーゼル車)。外は畑や田んぼが広がっている山あいの平野。トンネルに入ってしばらくして、出口が見えかけた時に母がトイレに立ち、小走りで通路をかけていった。何気なくその方向を見ると、車両の先がない。母はわかっていないようで、スピードがついたままの汽車の勢いのなか、そのまま何もない空間に突っ込んだ。「あっ、人が落ちた！」と誰かが叫び、乗客すべてが車両の切れている方を見た。私は頭が空っぽになっていた。

連想：あまりにも印象的な夢だったので、母に話したら、「おまえはロクな夢を見ん！」と言われた。生命の危機を何とも思わないような危ない感じが母にはある。人がしないような失敗を母はよくする。これは予知夢だよ、と母に言ったら怒られた。

母本人は、不注意のため練炭で一酸化炭素中毒になったことがある。またAさんが幼い頃、こたつの上のやかんを母が倒し、Aさんが手に大やけどを負ったことがあるとのこと。

夢12：町の大通りをひとりで歩いていた。ショッピングタウンといったような専門店街の中の店に入っていった。突然、四〇代の男性が二対二に分かれて、銃撃戦を始めた。

私はその戦いに巻き込まれて、逃げ回っていた。死者は誰も出なかった。そのうちにどうにか逃げ出してお店を出て、警察に通報した。もう警察に言ってあるから後は知らないや、と思った。

次回、雨のため来院できないとキャンセル。

#40〜41　母から、ここに通い始めて一年になるが、何か役に立っているのかと言われた。何も良いことがなければ、一年も通ったりしないと答えた。家の様子は相変わらずだが、あまり気にならなくなってきた。

箱庭11：「森の動物たち」。左に動物たち、右に人間たちがそれぞれ一列に並んでむかいあっているシーンを作る。左奥の森には、とても大事なものがある。それを人間たちが奪おうとしているので、森の動物たちが守ろうとしている。何か偶然の出来事があって、森の中の大切なものは守られる。でも、人間たちに動物は殺されて、二、三頭しか生き残れないと思う。

今回、初めて箱庭に対しての物語が作られる。

#42〜43　お盆だったので弟が帰ってきていた。

夢13：私は母に言われて霊の出る部屋で寝なくてはならなくなった。私は「ひとりで寝るのはいやだ！　どうにかしてくれ！」と不安でたまらないので訴えた。その時、居間のカーテンが揺れ、ガラスが割れる音がした。私はやっとこれで霊がいることをわかってもらえたという気がした。すると、奥から死んだはずの祖母が、にこにこしながら出てきた。生きている時よりも、ずっと元気そう。私は祖母にしがみついて「助けて！」と騒いだ。祖母は温かく、死者だという恐怖感はなかった。祖母は母に対し、今うちで起こっているのは「仏おろし」ということで、自分の他にもいろいろ来ていると静かに説明した。

連想：現実の祖母にはいい想い出などほとんどなかったのに、あの世から来た祖母がとても頼もしく思えたのはとても妙な気がした。

#44〜47　夢14：自分の部屋から出たとき、となりの弟の部屋に祖母が横になってくつろいでいるのを見た。祖母は死んだときよりも老けているようで、顔はしわだらけで髪は乱れていた。何か疲れているんだなと思った。居間には白い着物を着た知らないおじさんがふたり、座布団に座り両親と挨拶を交わしていた。私も挨拶をしようと思い、そのひとりのおじさんに「あなたはうちの先祖ではありませんか」と聞いたところ、「はい。そうです」と言いながら名刺をくれた。私は「またその時はよろしく」と言った。おじさんは「こちらこそ」と言って、お互いの挨拶は終わった。

私は祖母を乗せて車を運転していた。場所は田んぼのなかの一本道で、突き当たりは四車線の交通量の多い道路だった。私はブレーキが利かなくて焦った。祖母がニヤリと笑ったので、ブレーキの故障は祖母のせいだということに気がついた。「おばあさんはある程度生きたからいいかもしれないけど、私はまだ二〇年ちょっとしか生きてないんだから、死ぬわけにはいかない‼」と言った。祖母は無言だった。もう少し、思い知れ、という感じだった。

連想：死んだときにはあのおじさんに会うんだろうな、という安心感があった。何だか夢を見たあと、まだ私、二〇年ちょっとしか生きてないんだよなと思った。

そう笑いながら言う。

＃48〜49　箱庭12：「ガリバー」。小人の国に来たところのシーン。

もと勤務していた店の人から仕事に戻ってこないかと電話があった。遊びに行こうとは思うが、もう販売の仕事には絶対につきたくない。嫌だということが最近は言えるようになってきた。

＃50〜52　一度は断ったが、ぜひにと言われ、もと勤務していた店でバイトを始めた。代わりの人が見つかるまでのつなぎ。人間関係はなかなか大変だが、まあ何とかやっている。

#53　箱庭13：「クリスマスでにぎわう町」。人々や建物が本当の街の様子のように作られる。

働き始めたことに対して、父も母も何も反応しない。自分としても反応のなさには慣れているので、別に何とも思わない。

#54～57　仕事は大変だけど、何とかやれそう。必要とされていることがわかる。今までどんな形にしろ、私のしていることにちゃんと反応してくれたのは弟だけだった。仕事が忙しくなったので終結にしたい。

終結二年後に、町で偶然、出会ったが、今はまたもとの店で正社員となって働いているとのことだった。

河合隼雄先生のコメント

まず来談の主訴が、無気力ということに注目して考えてみたい。

精神科医の診察では、医学的に診ても病的なものはさほど見あたらず、身体に大きな異常があるわけでもない。ところがこのAさんは、夜、普通には眠れないし、明け方にやっと寝ると昼ごろまではとろとろとしていて、起きあがれないという生活が続いている。その上、ちょっとしたことで疲れるから仕事はもちろん、家事も何もできないのだが、見た目は普通に健康なので、家族から見ると非常に腹立たしくて、さぼっているとしか言いようがない。そんな家族からの視線も痛いし、本人自身も自分のことを非常に不甲斐ないと思うので、何かしなくてはと決意はするものの、結局、まったく何もできないという状況に陥っている。

こういう人は大学生にも多い。学生であれば、下宿でずっとぼーっとしていても親は大学に通っていると思っているので、結局、気がついたころには何年も留年を繰り返していたということもある。またなかには、ちょっとしたアルバイトなどには行けるのだけれど、本格的に勉強することはできないという学生もいる。こういう人たちのことはいわゆる無気力学生と言われているが、このクライエントも同じラインで考えることができるだろう。

このような人に対してのセラピーは非常に難しい。その難しさとしては、まず、自分で主訴を持って来談することがないというところにある。ところがAさんは、自分で主訴を持って来談してきているのが、非常に特徴的である。来談のきっかけに、弟から

「役立たずのデクノボウ」と罵られたというエピソードがあるが、このような刺激によって来談できたというのも、とてもめずらしい事例である。大体の場合は、ずるずるとそのままずっと家にいることになってしまう。

そして、今回の場合のように来談が叶ったとしても、治療者との関係を作っていくのが非常に困難なので、セラピーがすぐに中断してしまうことが多い。しかし、いったん、関係ができてイメージの表現が生まれてくると、クライエントの内界で起こっていることが非常によくわかる形で現わされるようになってくる。

たとえば夢4のように、「足が思うように動かなくて、水の中を歩くように力をふりしぼって歩いていた」といった報告からは、クライエントがいかに動くことが困難な状況であるかがよく伝わってくる。そして、心の底ではどれほどめちゃくちゃなものがうごめいているのかということが、夢5にあるように、火を付ける、殺そうとする、というところや、夢8での足を切断するといったイメージからもうかがわれる。一方、夢ではこれほどの表現をしていても、意識の状態はまったくの無感動で、どんなに治療者が心を動かされて感想を問うても「別に」とか「さほど」としか口にしない。

Aさんはあまり言及していないが、このように感情を解離している人は、生活史の中でかなり大変なことが起こっている場合が多い。両親が激しいケンカを繰り返していたとか、家の中に耐えられない暴力があるとか、幼少期、保護が必要なときにまったくかまってもらえなかったなどという悲惨な生育歴が存在することもある。しかし、こういうクライエントは、そのような大変なエピソードを顔色一つ変えずに淡々と述べるという特徴がある。話を聴いた治療者のほうは心が動いてうわっとなっていても、本人はクールに落ち着いているということが多い。

しかし、それは考えてみたら当然のことである。そのときどきに、大変なことをそのまま感じとっていたら、恐らく生きていくことはできなかったのだろう。だから、そういう感情をまったく切り捨てて、人生というのはこういうものなんだ、自分が体験したことだってたいしたことではないんだと思おうとする。この人が「ホームドラマはうそだ」と敢えて言うのは(確かにあれはうそではあるが)、あんなホームドラマに出てくるような感情の交流がある家族はうそだ、うそに決まっていると思っていないと生きていけなかったのだろう。

そんなふうに感情を切り捨てることに膨大なエネルギーを使っていると、だんだんと現実的なレベルでは無気力になっていく。こういうクライエントに会い続けるとき、治療者には相当な覚悟が必要になる。かなり厳しい地獄めぐりを一緒にやらなくてはならなくなるからだ。クライエントも自分の感情に向かい合うのは苦しいから、よほどの関係が治療者との間でできていなければ治療関係は切れてしまう。今回の治療は、そのあたりがかなりうまくいっていると言えるだろう。こういう人がやっとの思いで来談されたとき、続けて来られるようになるためには、治療者側がかなり間口を広く、懐を深く持たなければならない。つまり、自分の力で「治す」というような感覚から離れて向かい合っていくことが必要になってくるのである。

このようなクライエントは、いわゆる病気とは言えないのだが、病んでいると言えば、心は非常に深く病んでいる。こういう人はだんだん増加傾向にあるように思う。そしてこのような人が無気力にならないとしたら、心身症になることが考えられる。Aさんもかなり毛が抜けていると言っていたが、このように身体の症状に悩んでいる人は非常に多い。しかし心身症の場合はどうしても心の問題だと認めたくないために、身体に引き受けさせて心身症になっておられるので、なかなか心理療法を継続することは難しい。特に夢や箱庭などイメージを介在した治療への導入は困難だが、それが可能になったときには、驚くようなイメージが吹き出てくることがある。そして、治療が進むプロセスで精神病ではないかと疑いたくなるような症状が出てくることもまれではない。そこまで行かなくても、凄まじいまでの殺し合いとか、放火などというイメージが箱庭で表現されたり、夢に出てきたりすることは多い。

無気力か、心身症か、どういう症状をその人が選ぶのかということは、本当にわからない。こういうタイプの人が心身症を選ぶとか、こういう人は無気力になるとか、こういう人はまた別の症状を持つというふうには、簡単に言えることではない。ただ、ちょっと弱い人の方が精神病的な症状を持つのではないかという気もするのだが、これも簡単には言えない問題である。症状選択の問題は非常に難しい。

また、治っていくプロセスのなかで、症状がいろいろに変遷することが多いということも大事なポイントである。たとえば無気力の人が少し元気になって仕事を始めると、心身症の傾向が出てくることもあるし、心身症の症状が消えてくるかわりに、ちょっと幻聴が聞こえてくることもある。しかしそれは悪くなっているわけではなく、このように難しいクライエントは、いろいろに変化しながら治っていくものなのである。

しかし心理的な問題だったのに、臨床心理士が会ったために精神病のようになったり心身症がきつくなったりしてしまったではないかと言われることもあり得る。だからこそ、治療的に退行することが必要なので、一見、悪化にみえるようなことが起こっているということを、きちんと説明できるようによく考えておく必要がある。面接の経過のなかで症状の増悪が起こっても、その意味をわかって支えてくれるドクターがいるのか、家族にはどう説明するのかということを考えずにやっていると、クライエントの変化を守りきれなくなってしまう。

このAさんは強いので病的になることなく、ほとんど夢と箱庭でやっている。しかし、それでももうほんのちょっと狂ったら取り返しのつかないアクティングアウトになる危険もあった。これは治療者との関係が非常にうまくいっていたからこそ、自殺企図などのアクティングアウトがなかったのだと思う。治療者の方が死の気配をひしひしと感じて会っていたから、クライエントは「死にたい」と言う必要もなかったし、自殺企図によってそれを知らせる必要もなかったのである。万が一、治療者が死の気配をまったく感じることができず、無気力な人を何とかがんばらせようというような気持ちになっていたら、Aさんは頻繁に希死念慮を口にしたり、実際に自殺企図をしていたに違いない。

しかしどんなに治療関係がよくても、死にたいと言うことによってしか我々に苦痛を伝えられない人もいる。ずっと死にたいと言い続けていたあるクライエントが良くなれたとき、「本当によく死にたいって言われましたな」と問うたところ、「ああいう言葉でしか生きたいということが表現できませんでした」という答えが返ってきたことがある。それがとても心に残っている。つまり、それは「私は何とか生きたいんだけども、その裏にある死の気配を周囲の人に感じてもらえないなら死にたいとしか言えません」ということなのだ。そういう人の「死にたい」という言葉は、「生きたい」ということの表現なのである。

こういう「死」に近い人を我々が引き受けるときには、相当な覚悟が必要になる。それは、死の世界に入っていく覚悟である。

結局人生というのは、生きることと死ぬことの両方で成り立っている。我々の人生がなぜ意味を持っているのかと言ったら、死ぬということがあるから意味を持っているのである。もし永遠に生きているとしたら、もう何もする気が起こらないと思う。我々の生を立体化するために、死というのはずっとくっついているのである。ところが、やはり「生」の方に重みはかかるし、生きる方にある程度、意識は向けられているのが普通である。毎日、私の葬式はどうしようとか、あの人が死んだらどうしようとか、そんなことばかりを考えているわけではない。今日は何を食べようとか、何をしようとか考えながら、人生を「生きて」いる。そうやって生きてはいるが、その生の裏に死がぴったりとひっついてるから、心に重みを持たせてくれているのである。

我々が「死」の方をまるっきり忘れそうになると、病気になったり、怪我をしたり、何かうまくいかないことが起こったりして、人生の「死」の側面を考えさせられるようになってくる。そういうときのために、死を考えさせるような本とか、映画とかは存在しているのだ。だから文学作品には、どこかで死が出てくることが多い。そういうものに触れることによって我々は人生を考えるようにできている。

ところが、このクライエントのような人は、もう完全に「死」の方に比重がかかってしまっている。そして生きる方の側面が非常に軽く薄くなっているのである。しかしそれだけ死の方に比重がかかっていても、直接、死のことを言葉にして話す相手などいないから、ただ、何もできないという、社会的な死の様相を示すしかない状況に陥っている。

そんなときに、「死」の側の話も聞きますよという人が治療者として出てきたのである。そうすると「死」にまつわるイメージがどんどん表現されるようになる。一般的に言うと、強い人ほど幽霊の話をしたり、死に関する夢をたくさん見たりすることで、「死」の側面のことを表現し尽くして治っていく。弱い人ほど、実際に家族に暴力を振るって半殺しの目に遭わせたり、自殺未遂を繰り返したりするなど、死の影がずっとつきまとうようなアクティングアウトと無縁でいられない。Aさんにそのようなアクティングアウトが一度も起こらなかったのは、この人自身の強さもあるが、「死」に足場を置いている治療者との関係に支えられていた部分は大きいだろう。

Aさんの弟は家から飛び出して元気に暮らしている。つまり、死の家から切れることによって生き生きとしているのである。それができるのはこのクライエントが家の死の部分を引き受けているからだ。きょうだいのうちの誰かが家の荷物を担ぐと、他のきょうだいは逃げられる場合が多い。つまり、御輿を担ぐ役割に回る人と、御輿の前で扇子を振る役割になる人とに分かれるのである。弟は扇子を振って頑張れ頑張れと姉に向かって言っているが、一番頑張っているのは、御輿を担いでいる姉なのだ。しかし現実的な視点からだけで見ると、弟さんはしっかりしていて偉いけど、お姉さんはだめだということになってしまう。無意識のレベルまで見通すと、絶対にそんなことはないのに……。

こういうクライエントの治療が進むと、姉と弟の役割が交代するケースがある。姉が元気になってきたら、弟の調子が悪くなるということがあるのだ。しかしこの事例ではそうはなっていない。それはAさんが非常に強い人で、自分で家の重荷を担ぎながら頑張っていこうとしているからである。この姉が逃げてしまうと、次の人が背負うことになる。だからこういうクライエントを受け持つと、家族全体を背負うぐらいの覚悟が必要になってくる。一人のクライエントを引き受けるというのは、もう家全体を引き受けたと思って間違いない。いくら一対一の個人面接だからと言って、一人のことだけを引き受けるということはあり得ないのだ。

では、ケースの流れから詳しく見ていこう。

一番最初にクライエントが報告する夢というのは非常に大事である。初回夢という言葉があるぐらい、治療が始まって一番初めの夢というのは、セラピーの全体を見通したり、その人の今までの問題を示しているものだったりと、非常に大事なメッセージが含まれているものが多い。なかには治療関係が深まってきたところで、これこそが初回夢だと言いたくなるような夢が六回目とか七回目ぐらいに出てくるときもある。

Aさんの夢1は、ちゃんとした初回夢と言ってもいいだろう。眼鏡をかけた男と話しやすそうな普通の若い女の人が、男と女のペアでセールスに来て、商品説明をしている。

これは治療者も連想しているように、ドクターと治療者のような印象がある。そして商品セールスというのは、まさに「セラピーを受けませんか、いいことありますよ」という勧誘である。

そしてホースの水が二人にかかるが、タオルを貸してくれたのは、Aさんの方である。非常におもしろいのは、クライエントの方が濡れているものをぬぐい去る力を持っているということだ。クライエントが濡れて、治療者がふいてあげるというのが普通であるが、そこに逆転が起こっている。つまり、それはこういうことが治療のなかで起こる可能性があるということを示している。クライエントが治療者を助けてくれることがあり得ることと、それだけの力を持っている人だということがこの夢からわかる。

ホースの「水」が二人にかかるというのは、無意識的な内容が噴き出してきて治療者にも被害が及ぶ可能性があることを示している。そして不思議なことに、クライエントのほうがその無意識的な影響を自分で拭うだけの力があるのだ。

そしてこのAさんが変わっていくということは家も大変になるということなので、家のものは変容をもたらす二人を嫌がり、抵抗をする。しかし、自分は気に入ったので、また来るようにと書いたメモを渡している。また来るようにと書いたメモは実際のところ治療者がこの人に渡したものなのに、自分が渡したという逆転がここでも起こっている。こういう難しいセラピーでは、ある程度の逆転が起こるぐらいじゃないとうまくいかない。クライエントの無意識の智慧と力は非常に大切なもので、我々はそれに頼って仕事をしているようなものなのである。

総合すると、このセラピーは家の人にとって非常に大変な影響を及ぼすので、家の人は抵抗するけども、何とか進めていくことができるだろうということが考えられる。そしてそのプロセスの間には、治療者の方にも水がかかってくることから、かなり無意識的なものにおびやかされる可能性がうかがえる。でもこの人の力がかなりあるので、Aさんに助けられながら、相当うまくいくのではないか、という予想を立てることができる。つまり夢1だけで、このセラピー全体のだいたいの流れがわかるのである。ふり返って考えると治療者に水がかかったときというのは、#18〜28の間の、何もできなくなって暴力的な眠気に襲われた時期のことを指していたのだろう。

夢2では、仕事から帰ると、テラスの縁に知らない若い男が座っている。どこまで一般化できることなのかはかなり考えなければならないが、このように見知らぬ男性などが女の人の夢にぱっと初めから出てくる場合は、なかなか難しいと思ったほうがいい。大体は最初に、女の人であれば女性が、男の人であれば男性が出てくることが多いのである。つまり、まず同性とどうつき合うのかという問題を片づけてから、次に異性と向き合うことのほうがプロセスとしては自然なのだ。早いうちからぽんと異性が出てくるというのは、守りが弱いために、非常に深いものがぱっと突出してきているということを示している。無気力という状態の奥には、とても深い世界が問題になっているということが治療の始まった当初の夢からうかがわれる。

　またこの夢では食事中の小学生の弟が出てくるが、弟が小学生ということは、この人にとっての心の中の親しい男性像というのはなかなか成長していないということである。だから、小学生の弟が何度も出てきたりするし、もっと幼い時期の弟も出てくるが、それはAさんが幼いその時期から、もうすでに感情の発達がとめられていたことを示しているとも言えるだろう。

　そして母がその男に気を遣って、おかずを出して名前や年を聞くが、なかなかこの男は正体を明かさない。弟もおびえている。男はいただきものはいらないから捨てると言う。クライエントはとても腹が立ったと言うが、このぽっとやってきた男との関係は全然つかめず、わけがわからない。その男はこの人の心の中の非常に深いところから感情を運んでくる通路になる可能性をもっている存在であるが、まだまだこの部分とは関係がとれないということを示している。

　この「知らない若い男」がむちゃくちゃをやり出すと、ひどいアクティングアウトになったり、ちょっと精神病的になったりするのだが、Aさんはそこまでにはならなかったし、この男性に対して「腹が立った」と言っているのが興味深い。こういう人のイメージがおもしろいのは、生活は無感動だけど、夢の中では感情が揺れているというところだ。しかし夢のなかでは揺れているものの、それを報告するときにはもう感情がなくなっているのである。

こんなとき、夢のなかに感情が出ているからといって、報告のなかでも感情を動かしてほしいとこちらが思ってちょっと突っ込みすぎるとクライエントを脅かしてしまう。しかし、かといって治療者がまったく反応しないのもおかしい。クライエントの感情は全然動かないが、人間というのは感情が動くものなんだという見本として治療者は存在していなくてはならないものだ。そして、その見本程度には動くことが求められ、適当に何かを言う必要がある。ところが、感情が動くのは当たり前ですよとか、あなたはそんなふうに感情が動かないんですかというような方向にちょっと治療者の働きかけが傾き過ぎると、こういう人たちは重荷に感じて、もう来談しなくなる可能性も出てくる。だからこそ我々は、「適当に」「適切に」気持ちを動かす必要がある。

また非常におもしろいのは、大雨になって、次回がキャンセルになったところである。これは、水(無意識的なもの)があまりかかり過ぎたら困るから休みになったという意味もあったと思う。一回目からこんな夢を二つも持ってきたというのは、無意識的なものが出過ぎて危険な状態とも言える。だから、この人は言うならば、休む力を持っているのである。

無気力な人や心身症の人がすごい夢を持ってきたと言って治療者が喜び過ぎると、どんどんすごい夢が出てきて、それをまた無反省に喜んでいたら、精神病圏に入ってしまうということもある。無意識の内容が出過ぎていて危ないと思うときには治療者がストップをかけなくてはならない。この「止まる」ということも、非常に大切なことなのである。

治療がうまくいく人というのは、ストップをかけなくてはならないときにちゃんと雨が降ったりする。本当に不思議ではあるが、うまくいく人というのは自然も味方をするのである。難しい人は、自然と敵対してしまう。たとえば不登校の子で、学校へ行こうと思ったら大雨が降るとか何か事故が起こるとか、動きを妨げることばかりが起こる人がいる。そういう人は、一見、それほど大変そうに見えなくても、やはり難しいと言わざるを得ないだろう。それとは違って、このクライエントは自然を味方にする強さを持っていると言えるだろう。

#2には夢がないのも大事なことである。無意識の世界にそうとんとんとは入っていかないということだ。その代わりに父や弟、そして職場のことなど、大事な現実のことがこの回には話される。

そして、#3では母こそが変わらねばならない人だということが語られる。恐らく、Aさんの母はかなり未成熟な人であろう。#39で語られた命に関わるような不注意のエピソードなどからも、相当な未成熟さが感じられるし、父も#5〜6のあたりで語られるように、成熟とはほど遠い人なのであろう。

Aさんは「友達は欲しいけれど、心を開くとどろどろとして醜いものがお互いに出てきそうなので、深入りしたくない」と言っているが、セラピーでもそれは同じで、早く深入りしたら危ないということを感じている。このような無気力なクライエントの一つのタイプとして、いきなりボーイフレンドができて、すぐに性的な関係に深まり、むちゃくちゃになって別れ、また次にすぐ性的な関係ができて別れて……という経過をとる人がいる。それは自分の心の中の非常に深いものの表現がイメージによってできないから、その表現を異性と会うことによってするしかないのである。

夢3、夢4はこのクライエントの状態をよく示しているように思う。二軒の仏具店の間というのはAさんが両親双方の先祖のことを引きずって、たくさんの仏さんの間に立っているということを示しているのではないだろうか。この人は浮かばれなかった先祖とか、足の悪い人とか、目の悪い人とかを大勢引きずっているのだろう。こういう夢が報告された時、クライエントに「これだけの人を引きずっていたら重くてそれでは何もできないはずだ。それでもみんなをどこかに誘導しているわけだし、いずれ何かできるんじゃないですかね」という言い方をしてもいいかもしれない。

夢5では、弟が背中に火をつけてきたとか、裁ちばさみで弟を殺そうとしたというように、殺すか殺されるかというような、強いアグレッションが出てくる。しかしそれは単にアグレッションというだけでない。「殺す」とか「殺される」ということは、「変化」を含めたいろいろなテーマが入り込んでいるということである。Aさんの背中に火をつけた弟は、クライエントの中の変化を望む部分なのであろうが、思わず「殺そう」とするほど変化を恐れる気持ちも強い。また別の角度から見ると、その弟を、和裁をしている母のイメージに重なる「裁ちばさみ」で殺そうとしていることから、変容のための意識的な力は芽生えてはきているものの、未成熟な母性に消されてしまう危険性も感じられる。

この夢の内容に比べて、やはり夢の話をするときには、感情がこもることはない。そこには大きな解離が存在しているのである。でも、このクライエントにとって、このような内容が夢に見られ、それを語ることができるというだけでも非常に意味が大きい。

夢6では小学生のままで弟が死んでいる。このような夢が報告されたときに、「小学校のときにあなたの心の中で何か死にましたか」とか、「小学生ぐらいのときにあなたの心の中で生かそうとしてやめてしまったことはありますか」というようなことを聞くと、案外、連想が出てくることがある。心の中で、この人が弟に託しているのは「何かしたいことをする」とか「頑張ってやる」とか、「仕事をする」とかそういうことなのだろう。そういう意志を、もう小学校のときにおそらく断念したのではないかと思う。

そのようなことを問うて「私はもう小学生ぐらいでしたいことなんかせずに我慢して、家のために犠牲になろうと思いました」というようなことを言われたら、「ああ、そうでしたか」と言って、それを聞いているだけでいい。そして、その悲しみを静かに共有するだけでいいのである。

夢7、8では同い年ぐらいの女の人が登場するようになってくる。先にも述べたが、本来ならば、こういう女の人のイメージは、治療の初めに出てくることが多い。自分と真反対の性格の同性の人がまず夢に出てくるというのがよくあるパターンである。そういう同性のイメージが出てくるところから、だんだん自分が豊かになり、それから異性が出てくるのがオーソドックスなステップである。ところが、このAさんの場合は、セラピーが進んでだんだん強くなってきたので、やっとで夢1か2ぐらいで見てほしいような女の人が出てきたと言えるだろう。そしてこの女性は都会的で大人っぽくて、仕事ができるという、この人とはまるで逆の人物である。これはユングの言葉でいうところのもうひとりの私としてのシャドウであるが、自分自身が暗い生活を送っているので、この人のシャドウは光り輝いている。

そして夢7で、その「大人っぽくて都会的で仕事のできる同い年くらいの女の人」というシャドウと一緒に動き始めると、夢6で死んでしまった弟が生まれ変わってきたような小学生の男の子とともに、三人で同意してしばらくの間一緒に歩くことになる。そこで自分よりも年齢が上の中年の男女がゆったり過ごしているという世界を見に行き、「結婚式の引き出物のような砂糖菓子」をもらったりする。このあたりから、のちにも箱庭などで出てくる結婚のテーマも背後で動き始めている。

その引き出物は甘いだけではなくて、塩辛いような妙な味がしたという。味のついた夢はとてもめずらしい。感情よりもより直接的に身体が反応している「味」が夢に出てきている。Aさんは夢の世界に深く入っているから、このような身体感覚を伴う夢を見たのだろう。また、甘辛の人生の味というようなものも少し夢の中で味わっているのではないだろうか。

そして男の子は自然にいなくなり、女の人とも別れて、もとの場所に帰ってくる。もう助けを必要とせず、だんだん自分も強くなって、帰ってくるという感じがよく出ている。このような夢が出てくると、治療の今後の見通しの支えになるだろう。

そんな支えになるような夢の次に出てきた夢8がすごい。これは、無気力で感情を解離している人が見る夢の典型と言ってもいいだろう。聞いているだけでもこちらはぞっとするような夢であるが、本人の感情は淡々と動かない。両足を切断しても、血も体液も出ずに、冷凍マグロのようになっている弟を抱いて過ごしているのだから、この人の生きている世界はほんとうにたまったものではない。この人は力ずくで切り捨てた重いもの(両足を自分で切断した弟)を抱えながら何とか頑張ろうとしているのだが、それがあまりにきつすぎて何にもできない状態なのである。

両足がなくなっても、イメージの世界というのはありがたいことに足がまた生えてくる。しかもこの弟が、いつのまにか、働いていたときにお世話になった女の人という、光の側のシャドウに変わっていくのである。この夢からは、昔話の「手なし娘」の話を思い出す。こういうときに自分だったら、「昔話に父親に手を切られた娘の話があるんですよ。でもあなたの場合は手なし娘じゃなく、足なし弟だから、ちょっとイメージが違いますね」などとクライエントに話をすることもある。

この人の現実の話を聞いていてもわからない人生の辛さが、夢を聞いていると非常によくわかる。感情を解離している人は、「お父さんは？」「普通です」「お母さんはどんなひと？」「別に」というように答えることが一般的に多い。どこが悪いとかそんなことを具体的に言うことなどできないのだ。なかには、「両親はよい両親です」とまで言う人もいる。あまりに遠くに解離していると、もう、悪いと思えなくなることもあるのだと思う。

夢9では、関取の朝潮と結婚している。そしてかなりリアルに男の子と女の子の母親になっている。この夢のことを考える上で、少し自我と無意識の関係について話しておきたい。

我々には自我というものがあるのだが、これは非常に深い無意識によって支えられている。自我に割合近い層の無意識もあるが、それよりも深い層の無意識が存在している。無気力の人は、その非常に深い層に引きずり込まれているから大変なのだ。だから、こういう人に話を聞くときに、お父さんがどんな人だったのか、お母さんがどうだったのかというような過去の家族関係でのエピソードをどれほど語ってもらったとしても決して良くはならない。それは、そんな話では届かないような深いところがやられているからである。その深いところのイメージが動くと、この人が夢に見ているように、足を切られた弟が出てくるのだが、現実では、弟は普通に大学に行っている。この人に「弟さんはどんな人ですか」と自我レベルの現実で問うたら、「いや、元気で大学に行っています」という答えになるのだが、深い無意識レベルでは、「弟さんはどんな人ですか」と言うと、「自分でナイフを使って両足を切断したので、その弟を抱えて毎日、過ごしています」ということになる。そして、そのほうがこの人のほんとうの現実には合うのである。

こういう人との心理療法の難しいところは、この深い無意識レベルでの話をしながら、その部分と少しずつつながっていかなければならないというところにある。そことつながって全体的に自分のなかで落ち着くところまでいかなくては治らない。その作業をするにあたって、このクライエントは夢でそれをしてくれている。この深いレベルの無意識というのをイメージするときには、前世は何だったのかというようなイメージを借りると割合ぴったりくるところがある。それは、その人にとっての非常に深いアイデンティティにつながるのである。

たとえば、私は今どこそこに勤めておりますというのをアイデンティティにしていても、いつ馘《くび》になるかわからないし、定年してしまったら終わってしまう。私は父親ですなどと言っていても、子どもは全然そう思っていないかもしれない。つまり、他者や周囲の状況を頼って私たちはアイデンティティなどと言いながら生きているのである。父親アイデンティティと言えば格好はいいけど、子どもがオヤジなんて関係ないんだと言ったら話にならないし、私は男ですと言っても、奥さんは全然男だと思っていないということなどもたくさんある。しかし、「私の前世は」ということになると、これは他人との関係のなかで定位されるものではない。自分の腹の底から出てきたというか、深いところから出てきたものになる。こういうイメージは、非常に不思議なアイデンティティで私たちのこの世の生を支えてくれるのである。

そう考えると、前世療法というのもあながちむちゃくちゃをしているわけではないのではないかと考えたくなってくる。このクライエントの夢9などを見ていると、この人は前世で関取の奥さんをしていたのじゃないかというようなことを考えながら連想を聞いたら何か出てくることもあるかもしれない。

この夢では、足が切れている弟を抱えて動くよりは、体重はすごく重くても、関取の夫と結婚していて一緒に動くほうがまだ動きやすいのではないかということも少し思ったが、それよりも何か重いものを持った親方のおかみさんというイメージが浮かぶ。つまり家を背負っているというか、部屋を背負っているという、何かそのような重いものを背負う役割というようなことが少し形を変えてでてきたのかもしれないとも考えられる。前世は、相撲部屋のおかみさんという形で家を背負い、今世では暗い家を背負っているというようなことを、治療者側の連想として持っていてもいいかもしれない。本人からまったく何の連想も出てこないときには、まだその夢が本人にとっては遠いものなので、こちらが思っているこのようなことはあまり言わないことが多いが、治療者のイメージのなかで活性化させておくのは大事なことだろう。

さて、その夢のなかでは、そこに初老の男の人が出てきて、「飛び降り自殺しようとしていたのを私は引き留めた」とある。これは、この人のなかの死にたいという気持ちをこの人自身が引き留めていると言えるだろう。ところが、それに反感を持って秘密警察がやってくるのである。それは、この人の心の中で死んだ方がいいという気持ちを持っている部分と、死んではならないという気持ちとの両方があって、今、この人は死なない方に賭けて闘っているのだ。そして、この夢がとっても面白かったと言って、感情を込めた笑顔も出てくるのである。こういうときには、こちらも喜んで、「へえ、面白かったですね」などと言いながらもう一度、この夢のことを最初から詳しく話してもらったり、これに似たような話で何か面白い話をしたりするのがいい。「そういえば秘密組織もので映画にこんなのがあったんですよ」などと何か楽しく雑談をしたりするのが大事なことになる。

みんな夢の分析をするというと、この白い服の男は何なのかとか、秘密組織が象徴するものとは……などと考えようとする人が多いが、そうではなくて、クライエントが無意識の深いところとつながっていこうとしているそこの部分に自分も入っていくということが大切なのである。横から見ていたら雑談にしか見えないかもしれないが、雑談は、生きる方に賭ける動きが芽生えてきているということである。それならば、死よりは生の方に賭けて生きていきましょうというところにつながるような雑談をするのである。そういうときには、「いやあ、今日は楽しかったですね」と言って面接を終わっているように見えて、それは非常に深い夢の分析をしていることになると考えている。それはつまり、夢を一緒に生きようとしているのである。

そしてその次には、夢10にあるように、大地震で地割れができ、弟と一緒に逃げるという地殻変動が起こるような大きな夢が出てくる。これほどの夢でもこの人は、「少し恐怖感があった」という程度でしか感情がまだ動かないが、「逃げなければ、ということで必死になっていた」というように生きる方向へ完全にシフトしようとしているのがわかる。

このようなプロセスで治療者と一緒に夢を生きているという信頼関係も深まり、クライエントが強くなってきたところで、本当に家がどんなにしんどいのかということが無意識の深いレベルから噴き出てくる。「家を背負っている重さ」というのが治療者のほうにのし掛かってくるのである。それが#18〜28の回だと言えるだろう。

袋小路に追い詰められ、だれにも助けてもらうこともできず、どう助けを頼んでいいのかもわからないなかで、ただひたすら苦しくてたまらないというところを治療者が生きるからこそ、クライエントの重荷は軽くなっていくのである。

しかし、このようなときには、やはり治療者側も苦しすぎるので、どうしても抵抗が起こってくる。それがこの強烈な睡魔なのだ。でも治療者が、ああ、デクノボウのこの人の苦しみを生きているんだとわかった瞬間に、ふっと楽になっている。これが大事なところである。

自分の臨床では、もう窮余の一策で、「本当に失礼だけど、あなたが来たら眠くなるんだ。睡眠不足でも何でもないのに、あなたが話し始めたらもう眠くなってたまらないのだけれど、どうしてだと思いますか」と聞いたことがある。そうしたところ、その人はしばらく考えて、「一番大事なことは話していません」と言ってきた。つまりその人の一番大事なことを隠して話しているのだから、こちらはいくら考えてもわけがわからなくなってへとへとになって眠くなっていたということがわかったのである。その後、その人は「実は……」と言って、その大事なことを話し始めた。このように案外クライエントに正直にぶつけると、治療が展開していくときがある。

しかし、もちろん当然のことであるが、それは「そういうときもある」というくらいのことなので、何でもかんでも言えばいいというものではない。不用意に「あなたが来ると眠くなる」などと言うと、「ああ、そうですか、じゃあさようなら」ということも絶対に起こりうる。だから、勘に従うことしかできないのだが、自分の臨床としては、こういうすごいケースの人ほど、自分の感じていることを率直にぶつけることが多い。それと、このAさんの場合で考えると、初回夢でAさんのほうが無意識から噴き出したものを拭いて助けてくれるというのがあったので、ぶつけてもいけるかもしれないという判断ができるだろう。

今回、治療者は、もう仕方がないから薬に頼ろうとする。アクティングアウトだったと言及していたが、これはやはり、治療者の方がもう何かしないとたまらなくなってくるからである。本当は薬などに頼らず、この人の苦しみを自分が受け持ち、ああ、この人はだれにも相談せず、だれにも頼らず、ひたすらひたすら重荷を背負ってきたのだと感じとるのが治療者としての正しい在り方なのは間違いないが、それはなかなかできることではない。自分でも、こういう人には何かをしてしまうことがある。そうしないと、治療者の心のほうが死んでしまい、治療にならなくなってしまうからだ。

しかし何かするときには、なるべく当たりさわりのないことをすることが大切である。一番当たりさわりのないことというと、たとえば、ファイルの色を変えることがある。今度は赤色でいこうとか、今まで青の紙に挟んでいたのを赤に挟んでみようとか、そんなことをしてもほんとうに、何の意味もないけれど、そのことを考えるだけで、ちょっとだけ治療者の心が生きてくる。どんなことをしてでも、治療者が生きていないとダメなのだ。寝ていてはダメなのである。眠気覚ましは何かしなくてはならないのだが、下手な人ほど眠気覚ましにしなくてもいいことをする。「せっかく来ているんだからもっと話をしてください」とか、「そろそろ働いたらどうですか」とか言ってしまうというのが、もっともしてはならないことである。そんなことをするぐらいなら、ドクターに処方を頼むほうがずっといい。でも大事なのは、そのときに、薬を飲めばこの人はよくなるはずだとか、薬をもらってきたんだから、頑張ってほしいというふうに思わないことである。ああ、いくら治療者だからと言っても、結局、薬に逃げなくてはならなくなっているなあということをわかっておくことが大事なのだ。自分は治療者だからこの人のためにいろいろなことをしてあげているというのではなくて、治療者として負けているから、ばかなことをいろいろしているんだということを自覚しておくことが必要であろう。

さて、そのプロセスのあと、仕切り直しが始まる。しかも#28で、「弟にデクノボウと言われた」という言葉をクライエントが言うことで、治療者のほうは、この三カ月にわたる治療者のデクノボウ体験が何だったか、ぱっと理解できている。これも、無意識から噴き出してかかった水を、クライエントが拭ってくれたことだと言えるだろう。そして次の段階に進んでいくのである。ここで三カ月にわたって治療者がしんどくなったところは絶対に必要だったと思う。ここのプロセスを通ることで、やっと少し、この人は癒されてくるのである。それでその後、話もすごくするようになるし、箱庭がどんどん出てくるのである。

箱庭10では、「十戒のシーンのようなものが作ってみたかった」と、海が割れ、人々が新天地を求めて移動する様子が表現されている。そして初めて作ったという眼鏡をかけて来院しており、以前よりもずっと世の中が良く見えるようになったと笑っている。これは箱庭という、具体的に「よく見える」形でイメージを表現することが、現実を良く見ようとすることに通じているように思われる。このモーゼが出てくるところなどから、民族全体というくらいの重みで家族全体を背負って、自分が頑張らねばならないというような使命感がAさんにはあるのではないだろうか。しかしその使命感に対して、家族の方が動かないので、本当に自分ひとりで背負って海を割るほどの大仕事をしているのだと感じられる。

夢11では、あまりに印象的だったので、つい母親にも話してしまったと言っていることから、夢のなかの感情が、実際の感情体験につながってきていると言える。この夢の中の「母」は、個人的なAさんの母という意味合いだけでとらえるのではなく、「母性」ととらえたほうがわかりやすいだろう。

西洋的な治療モデルでは、新しい力の誕生を阻む母性の否定的側面に英雄が戦いを挑み、そこで象徴的な母親殺しが行われると考えることが多い。たとえば魔女などとの対決という形でそれが表されることもある。これは自我が無意識の力に対抗して自律性を獲得するための戦いであって、このような「戦い」の果てに、自我は初めて自律性を獲得すると考えられているのである。そのため夢のなかでも、そういう「対立」や「戦い」が繰り返されて、そのなかで勝利することが自律性を獲得するために必要なプロセスと考えられることが多い。しかしこのAさんの夢は、戦いの挙げ句の母親殺しではない。母は自分から「勝手に」何もない空間に突っ込み消えていく。このように、「戦い」を経過せずに、「戦い」ぬきのまま変化が起こっている。

夢12でも、Aさんはもう自分で身体を張って戦わなくてもよくなっているようすが出てきている。「巻き込まれていた」戦いから、警察に通報したから「もう後は知らないや」と距離をとっている。そして、箱庭11では、一見、森の動物たちと人間との対立構造が作られているように見える。初めて箱庭についての物語がつくられているが、その内容を見ると、単純な対立や戦いが存在しているわけではないことがわかる。そして、森の動物たちが密かに守っている大事なものは、動物と人間との戦いに勝ったから守られるのではなく、「何か偶然の出来事があって」守られるのである。戦った結果ではなく、偶然の結果として、大切なものは守られるが、その裏には無残に殺されていく動物たちの死がある。大事なものは守られるけれど、動物たちは二、三頭しか生き残れないといったように、犠牲や死ついての視点をこのクライエントは見逃さない。そして、この頃、家の様子は相変わらずだけれど、あまり気にならなくなってきたと言って、家の問題からも距離がとれるようになっている。このあたりは、イメージの表現と現実への感じ方が連動してきている。しかし、これだけではまだAさんが動けるようになるわけでなく、もう一段、深いレベルでの仕事が残っている。それが、ここからの夢で表されている。

夢13では、「仏おろし」という不思議な現象が起こっている。それでその現象によって死の世界である「あの世」との間に通路が開いて、死者の国から大勢の人たちが来ているという。ここでも、最初の初回夢で示されている逆転が起こっている。それは何かというと、一般的には母性の否定的な側面と考えられる「死の国の母」(この場合では祖母)によって、安定感のある肯定的な母性イメージがもたらされているのである。死んだ祖母が、「生きている時よりも、ずっと元気そう」というくらい、このAさんにとって「死」の世界のほうがこの世の「生」よりもずっとビビッドに感じられていたことがわかる。この人は、現実のこの世での「生」は無気力に見えていたけれど、無意識レベルを含めて全体的に考えると、決して無気力などではないということがこの夢からもよくわかる。Aさんが本当にこの世での「生」を生きることができるようになるためには、このようなビビッドな形での死者との交流が必要になってきていたのである。

夢14では、祖母は、前の夢のように生き生きとはしておらず、死者に近くなっている。そして、自分の先祖の男性から名刺をもらって「そのときはよろしく」などといって、Aさんはあの世にまで通じる深いアイデンティティを得ている。そして、死者らしくなってしまっている祖母が、車のブレーキを細工して、死の国にAさんを引き込もうとしている。それに対して、「死ぬわけにはいかない!」とAさんは毅然として叫んでいる。夢のなかではあるものの、死のギリギリのところまで来て、やっとここで、彼女が生きていく方向へ決意を固めるのである。あの世にまで通じる深いアイデンティティを得ることと、きっぱりと死の誘惑を断って、この世で生きることを選ぶことは、このように同時に起こってくる。この夢を最後にもう夢が出なくなっているのも、とても理解できる。このクライエントにとって、夢を通じてする仕事はここで終わったのだから……。

それからは、着実に現実が動きだす。こういうときに、たまたま、元の職場から声がかかるということも不思議とよくあることである。どうしてこのタイミングで……と思うようなことが起こってこそ、心理療法は進んでいくのである。

最後の箱庭で、「クリスマスでにぎわう町」を作っているのも、これからは現実のなかに戻っていきますという印を、面接場面に残していたのだと思う。その後の経過でも、正社員になって元気に働いているということであるから、このイメージを用いた心理療法が、いかに現実的な変化をもたらす力をもっているのかということを感じさせてもらえる事例発表であった。

岩宮恵子（いわみや　けいこ）
一九六〇年生まれ。聖心女子大学文学部卒業。島根大学人間科学部教授。著書に、『生きにくい子どもたち――カウンセリング日誌から』（岩波現代文庫）、『フツーの子の思春期――心理療法の現場から』（岩波書店）、『増補　思春期をめぐる冒険――心理療法と村上春樹の世界』（創元社）、『好きなのにはワケがある――宮崎アニメと思春期のこころ』（ちくまプリマー新書）など。

［河合隼雄の分析］

臨床家　河合隼雄――私の受けた分析経験から

山中康裕

河合隼雄先生が我が国のこころや精神文化の世界に残されたお仕事は多い。全集を含むその夥しい著作は無論のこと、文化庁長官など色んなお立場での仕事も数多《あまた》あるが、思想家としての先生には本企画で別の巻が用意されていると聞く。筆者には、先生の母性社会日本論にも、中空構造論にも、幾分異論があるが、ここでは差し控える。それは臨床家としての先生を語るのがここでの趣旨であるからであり、事実、何はさておいて、先生は実践の場で、真の「臨床家」であった。

先生が直接ご自身の事例を話される機会に筆者が直に接したのは、大学での研究会、国内学会、そして海外での国際学会、そして、スイスはアスコーナでのエラノス賢人会議、の計四度である。いずれも淡々とした報告だったが、クリティカルな局面においては、ごく細部を穿って、まさに生きた臨床の発露であり、いずれもとても印象深い。その際、ことに印象的だったのは、先生が途中で絶句され、しばらく無言のあと、急にくしゃくしゃの表情となり、ぐわっと泣かれたことが一再ならずあったことである。余程の深い思いを秘めてのことに違いないと思われた。

　もう一つ、全く別の鮮烈な記憶として私の脳裏にあることは、教授会が延長された際や、特に、先生が学生部長の時の学生との団交の際にすら、「今から、クライエントとの面接の時間ですので、ちょっと中座します」といって、たとえ総長の前からだろうが、そそくさと出て行かれる姿である。そういったクライエント(来談者)の方との面接を、大学の相談室や研究室で、常時必ず数例担当しておられた姿の一端である。これは、実は、とても大切なことなのだ。

　最近、あちこちに心理臨床系大学院が出来て、数多の自称臨床家が教授になったが、自身が率先してケースを持っていない人が意外と多いことを院生や学生たちの話から仄聞する。これは間違っている。自身が眼下にクライエントと直に会っていなくては、臨床家とはとても言えない。若い人は、先輩臨床家の背中を見て学んでいくものなのだ。そして、クライエントこそが、臨床家を真の臨床家にする鑑なのであり、教科書である。絶えざる日進月歩のない、つまり数年前、数十年前の旧来の経験だけにしがみついているような者は、とても臨床家とはいえない。

　何故なら、時代はどんどん移り変わり、それとともに、クライエントの内実もどんどん変わっていく。それに対応し得てこそ、初めて臨床家なのだから。しかし、クライエントならずば、先生の臨床家としての生の姿を語ることができないかといえば、そうではない。クライエントならずとも、アナリザント(被分析者)にも可能な部分が幾分かある。

かくして、本書で筆者に与えられた役割は、自身の被分析体験を語ることである。ユング自身がフロイトに進言した、治療者になる者は、先ず自ら分析を受けること、いわゆるLehranalyse(教育分析)の体験が必要であるというのは臨床家養成の一端の真実なのである。

だからこそ、この企画はとてもいいと思った。なぜなら、ここでは私自身がアナリザント、つまり、クライエントそのものであるので、臨床家河合隼雄の姿を眼前に髣髴とさせるがごとくに露にする格好の機会であるからだ。むろん、普段はこの種の体験は、フロイトの弟子やその派の若干の人の記録以外、公表されたものは実に少ない。それは、それを書いた著者自身の秘められた内奥が露になってしまう部分があり、元来公表されることが少ないからである。今回、編者からのこのオファーを、筆者は二つ返事で引き受けた。なぜなら、臨床家河合隼雄先生の姿の一端を公にする絶好の機会と思ったからである。

分析のはじまり

筆者が河合隼雄先生に分析を申し出たのは、大学院医学研究科の確か三回生の時だった。あの頃は、インターン制度がまだあったので、医学部を卒業して三年半が過ぎた頃のことである。ちょうど来日された箱庭療法の創始者カルフ(Dora M. Kalff)先生の事例検討会で私が事例を出した日の、帰りの電車の中でのことだった。先生は、「分析受けるには、まだ、アナタは若すぎますな。それに、何人かのウェイティングがあるし。でも、リストには入れときますわ」との返事だった。ところが、その後、待てど暮らせど呼び出しはない。

もうすっかり、自分が分析を申し出たことすら忘れてしまうくらい時間が経った頃に、電話があった。「あの、河合ですけど。まだ、分析受けたい思うたはりますか？」独特の早口の関西弁である。咄嗟には、何のことか思いつかなかったが、一瞬の沈黙の後、はっと思い出し、「はい、お願いできれば」というと、「来週×日×時に、吉本センセのトコ来てくれはりますか？(場所の簡単な説明の後)あの、夢見はります？見た夢をいくつか紙に書いて、コピーでええから、それを二通作って、持ってきはりますか？」

吉本センセのトコとは、京都は丹波橋の開業精神科医、吉本千鶴子先生のクリニックであった。センセが外来をしておられるところで、河合先生は教育分析をなさっていたのだ。以来、そこに二年半、ついで、臨時に京大の教授室で二、三回、そのあと、奈良は西大寺のご自宅に二年半、都合五年も通うこととなる。いずれも、私自身の大学病院での日常診療を終わって、新幹線、近鉄などを経由してのことだった。

五年間の夢分析の断片から

初回は夢が七つあった。そのうち冒頭の夢を掲げる。

第一夢　初回夢

《今まで行ったことのない遠い土地に出かけることとなった。国鉄(現在のJR)のR駅を降りて、地方鉄道に乗り換え、その終点のZ駅から更にタクシーに乗った。運転手に行き先を告げようとするが、どこに行くのか正確な場所の名前がわからないことに気付く。「この先北へ、行けるところまで行って下さい」。車は音もなく走りはじめ、やがて、長く深い森を通り抜け、滝やせせらぎの音のする辺りを通って、峠を越え更に深い山道を行く。ふとメーターをみると、先ほど見た時は確か八八六〇と表示されていたのが、とうに四桁を超したのか、再び〇〇〇〇から始まって、今は七六三〇という料金を表示し、更にどんどんメーターは廻り続けている。「一体、どこまで行くんですか?」不安になって訊くと、「お客さん次第でさ。湖か、山か、それとも、海まで出るか」。私は、手持ちの金額のことが心配になり、「ここらで降ろして下さい」というと、運転手は、「どこで降りようとお客さんの勝手だが、こんなところで降りても、何にもならん。もう少し先に行くか、少し、引き返すしかないですぜ」と言い、ちょっとした諍いになる。とにかく、美しい湖の見えるところで降ろして貰うことで決着し、そこで降りて、料金を払った。》

読む前に、「実は、今日が誕生日なんです」というと、先生は「ほほう。じゃ、今日から、生まれ変わるんですな」と言われた。夢に関する連想段階で私は、運転手とは、私の知らないところに連れて行く人なのだから、実は河合先生その人で、行く先とは、分析の行きつく先なのだなと直感した。いわば、後に三好暁光先生に招かれて日本精神分析学会のシンポジウムで私が提唱した「関係性水準の解釈」(ユングは、主体水準、客体水準の二つを提唱していた)である。料金が思ったよりも高いのは、分析は自分が当初考えていたような甘く軽いものでなく、また、メーターが再度〇〇〇〇を超して二度目が廻り始めるのは、更にワンランク上の段階があり、相当、金も時間もかかるのだなと思ったし、七六三〇は、「南無サン、オー」とも読め、運を天に任すより仕方ないか、と考え、それらを口にしたが、先生は微笑んでおられるだけで、何も言われなかった。

以下、都合一七七回分析を受けた間の全一一七九個の夢から、本稿で最低限必要と思われた一七個だけを抜粋して、夢に纏わる語りを描写することとする(夢は原則として、

《　》内に記載し、各夢の冒頭に便宜的に簡単なテーマ名を記す。夢は全文ではなく、適宜省略したものもある。また〔　〕内は近辺の状況説明である。なお、会話中、河合先生の言葉は「**太字**」で表記する)。

第二夢　少年時代

《蛭子《えびす》町の社宅である。一二軒の家があり、同じような年頃の子どもたちが沢山いて、よく遊んだ。今日も七、八人集まって遊んでいる。遊びは、何でも自分たちで自前のものを作った。(中略)ラジオで聞いた、ヘルシンキのオリンピックでザトペックが金メダルをとると、自分たちで厚紙を丸く切ったのにチョコレートの金紙や銀紙を貼り、金メダルや銀メダルを作った。》

「**えびすまちいうんやな**」「はい、不思議な名前で、今は町名変更で消えましたが、私が後にスクナヒコナに惹かれるもとにも……」「**ヘルシンキゆうたら随分前ですな**」「ええ、私が小学上級の頃です」「**まだ、テレビは無かったね?**」「いえ、小学の上級の頃、町中で一軒だけ持ってる家があって、みんなそこに出かけて力道山とか、「笛吹童子」とかを見せて貰ったりしたこともありましたが、殆どはラジオでした」「**この夢と現実とで違う所ありますか**」「土蔵の下の空気穴は確かにありましたが、それは自分だけの秘密の宝を隠す所で、友達との遊びで使うことは無かったです」「**このうちの誰かに最近会うた？**」「会ってませんね。もう、二〇年以上は経ってますし」「**何か、きっかけでも？**」「直接的にはないですね。……あ、そういえば、先日、この中の親友だったI君のお母さんに似た声のアナウンサーがテレビに出てて、子どもの頃、よく、その家に遊びに行ってたこと思い出した……」。

第三夢　劣等感

《入学試験会場。国立一期を落ちて、他の医学部を受けている。会場は三〇〇人の大部屋で、試験官が「この会場からは一〇人しか受からんなァ」とぼそぼそ言っている。そういえば倍率は三〇倍近くだ。第一、ここの大学の名前さえ正確に覚えてない。もう、殆ど、東京で予備校を決めるなど、来年に向けての態勢に切り替えていたし、さっきから解いている数学の問題にも、もう一つ身が入らない。そこへ、灰色の筆箱の中から黒いカメムシが這い出してきた。すると、不思議なことに、試験問題が、ぼんやりと薄くなって見えなくなり、真っ白な白紙になってしまった。》

「**何か連想すること？**」「当然、一期で入れると思っていたので、凄いショックでした。……酷い劣等感に苛まれて、大分落ち込みました」「**劣等感を持ったことはそれまで無**

かった?」「ええ。学業では初めて。学業以外では、びっこのことで……」「びっこ?」「ええ、股関節の亜脱臼で、小さい頃に一度手術してて……よく、びっこのことでいじめられました」「それは、大変やったね。でも、どの体験も、とても大切なことや」「ええ、そう思います。落ちて高校の担任の先生に電話したら、医学部は、まずどこでもええから入って、卒業した時点で、本当に行きたい医局に入ったらええんだと諭されて、二期との中間にその先生が願書を出しておいて下さった公立を受けに行ったんです」「偉いセンセやな。……それで、自分の受けた大学の名前すらしっかり覚えてへんかった?」「はい。全くフザケタ話ですが、事実なんです」「この夢と事実と違ってる点は他に?」「あります。第一に、三〇倍いうのは、二期で受ける筈の東京医科歯科大のことで、ここは一六・六倍でしたし、白紙になったなんてないし……、結局、ここの大学に入ったんですから。今では、その先生に本当に感謝しています」「黒いカメムシ言うのは?」「よくわかりません。劣等感かな?」

第四夢　学舎時代

《医学生時代にいた真照《しんしょう》学舎という古風な寮。私より一級上の工学部の本多さんと言う超変り種が、もう八時をすぎているのに、全く起きてこない。でも、いつものことなので、別段驚くにあたらないが、今日は試験日なので、左手首に結わえた帯紐が階段の下まで下がっているが、いくら引っ張っても、起きて来ない。しかたなく、二階まで上がって様子を見に行くと、彼は布団からずり落ち、身体はほとんど廊下にまで出てるのに、鼾《いびき》すらかいている。外は雪模様なのに、窓は開いたままだし、夏物のシャツ一枚で、しかも、一カ所破れて肌が覗いている。頬っぺたを叩いたらやっと目を覚ましたようなので、「試験に遅刻するよ」というと、「せっかくいい夢をみてたのに」と不満顔だ。》

「**真照学舎って言うの？**」「ええ、旧制八高の頃からの寮で、ここから、東大などに行った先輩たちもいます。名大やら幾つかの大学から来てた。父が九州支店長として転勤となり引っ越ししてしまったので、下宿せねばならなくなって入ることになった寮です」「**この人、面白い人のようやね**」「とにかく、桁違いでした」「**どんな風に？**」「大学のオーケストラでホルン吹いていたんですが、授業は全く行かず、真夜中に屋根の上で練習したり、大学はオケの練習だけに出かけるんですが、この日は試験だから起こしてくれ、と自分から手首に紐巻いて、階段の下まで垂らして、私がそれを引っ張る役なんですが、全然効き目がない」「**じゃ、実際にもこうだったの？**」「ええ、常習犯でした」「**今は、冬ではない**」「ええ、現実には夏なんですが、彼、本当に、冬でもシャツ一枚で、穴が開いてても、気にしないどころか、「窓があけてあるんだ」と言って、まったく取り合わないんです」「豪傑だね」「ええ、この学舎は、プラズマ研究所の原子核物理学の優秀な若手研究者が二人必ず居て、夕食時などは大激論ですし、夜遅くまで卓球したり、同期の友人がしょっちゅう僕の部屋に来て、ギター弾いて唄ったり、人間的にも最も練られた、実に楽しい六年間でした。思想的にも、学問的にも、また宮沢賢治などに拓かれたのもこの時です」。

第五夢　死のテーマ

《辺りの山容からみて関が原辺り。私たちが向かう大きな岩山の麓に、二つの黒々とした洞穴の入り口があり、そこに向かって、二隊がうな垂れて長蛇の列。その列は途中でX字に交差しているのだが、誰もぶつからず、隊列を乱すこともなく、皆そのままゆっくりと無言で少しずつ進む。並んでいるのは、どうみても武将たちで百姓姿はない。鎧も甲も傷つき綻んで血が滲んでいる。私も、その隊の右側の列にいた。やっと、私の番だ。左の洞穴の横で、鬼のような形相で黒髯を生やした大男が、「手形を出せい！」と叫んだ。私は、「手形など持たぬ」というと、「馬鹿モン、そんな奴ばら、ここに入ることならん」と大音声で、持っていた大きな木製の杓文字のようなもので掬い取られ、ボーンと空に放り投げられた。……気がつくと、醒ヶ井あたりの風情で、見渡すと、付近には在来の東海道線が走っており、近くの川

にはバイカモの白い花が水にゆらゆらしている。》

〔実は、この前四週間、私は病床にあった。風邪を拗《こじ》らせ、エックス線写真で左肺が真っ白になるほどの肺炎を併発、四〇度を超す高熱を発し、ずっと寝ていて、うんうん唸りながら、時に、ウワゴトすら言っていたようで、心配した家内は、何度か河合先生に電話していたようであった。〕

「**病気、大変のようでしたな。もう、すっかりいいのかな?**」「はい、御世話をかけました。有難うございます」「**……さて、この夢の連想は?**」「まだ、死ぬ時期ではない、ということでしょうか?」「**そのようやね。でも、大和時代か鎌倉や戦国時代かでは、事情が全然違いますな**」「伊吹山の近くですよね。大和時代ならヤマトタケル、平安末期なら義経、鎌倉末期なら楠正成の軍勢かな。でも、義経や正成は関が原近辺には行ってませんよね。戦国なら敗軍の将石田光成の軍勢。凄い数の死者が出ました。伊吹山ですよと白鳥伝説。タケルの最期でした」「**……手形?**」「おそらく、地獄への通行手形ですよね。プシュケーもアプロディーテーに言われてペルセフォネーに会いに行くとき手形を持っていなくて、黄泉にいくのに塔の知恵が必要でしたし、銀河鉄道のジョバンニも切符を持っていなかったから、カンパネルラとは違って、南十字星までは行かなくて、天気輪の丘で目を覚まします」「**杓文字?**」「とにかく大きいのでした。木で出来た、スプーンのような。でも、鉄棒でなくてよかったです。もしそうだったら、大怪我してた」「**そもそも、……熱が出たんは？**」「身体因や心因などいろいろありましたが、悩んでいたのは、患者さんや仕事のことも無論ですが、女性のことだったような……」「**奥さん以外の？**」「はい、お恥ずかしいことに、なぜか凄く気になる女性が二人」「……」「いわゆる恋愛感情とは違うんです……でも、なぜか気になる、惹かれる」「**そのことは、これからじっくりと、考えていかんとなりませんな**」「はい、先生の書いておられた、『影の現象学』や「アニマ問題」ですよね」「**そういうふうに、安易にテクニカルタームを使わんことです。現象や夢自体をしっかりと見つめ、対象そのものや、自分自身のことをきっちりと点検することから……**」「そうでした」「**その二人について、もう少し詳しく話して**」(略)「**醒ヶ井？**」「関が原とは伊吹山の麓では東西で対称の位置ですよね。バイカモの白い花が綺麗でした」。〔最後に一言ぽつりと「**おそらく……母探しやろね**」と呟かれたのが印象的だった。〕

第六夢　ベトナム戦争

《ジャングルの中。鬱蒼と茂った熱帯植物の葉陰で、私らは迷彩服に身を包んでいる。……私は、辛うじて、ゴムの木の根元にひれ伏し、銃を構えた。……何人かのベトコンがばたばたっと殺され、隣りのフランス人兵士も倒れた。彼らに駆け寄ろうにも、蔓草が絡んで邪魔して行けない。……そのうち、機関銃の音が止み、一瞬の静寂が訪れた。周りには一人も味方の姿がない。私は、どうも、アメリカ兵たちに取り囲まれたらしい。絶体絶命だ。手榴弾を両手に握り締め、息を潜めている。》

「……ベトナムのようやね」「はい、なぜか、僕はベトコンの中にいるんです。鶴見俊輔や開高健らのベトナム平和運動に共鳴してたからでしょうか?」**「ベトナムには行ったことある?」**「いえ、一度も。ロバート・キャパや岡村昭彦の写真とかだけです。ベトナム戦争って、泥沼ですよね。アメリカは、枯葉剤使ったり、北爆では無差別絨毯爆撃。火炎放射器でベトナムを焼き尽くす心算としか思えぬほどに、滅茶苦茶です」**「この戦争は、殆どプラスは皆無で、数々のマイナスを生み出してますな。それにしても、夢の中の状況は逼迫してる。……何か、追い詰められていることがある?」**「ええ、自閉症のことで、関連医学会から、総スカンを食らっています。私自身は、自閉の子どもが一番の犠牲者で、親も同じく急激な文明化・核家族化の犠牲者だと考えているのですが、向こうは親の会の役員を動員して、これは親を責める悪論だと」**「彼らは正当に治療論で反駁してこずに、そうした社会的制裁や感情論で責めてくるワケね」**「そうなんです。味方が少なく、四面楚歌です」。

第七夢　アニマ問題

《なぜか、私は映画を撮っている。文豪の小説を映画化することとなり、抜擢されて私が監督に推薦された。原作は漱石の『草枕』のようで、主役の画家役を石坂浩二に決め、源さん、婆さん、観海寺の和尚さん、那美さんの兄さんや、野武士様の男などの端役はすぐにキャスティング出来た。が、肝心のヒロインの那美さんを誰にするかが難問題。香川京子、吉永小百合、栗原小巻、……うーん、困った。でも、それによって、この映画の印象が決定的になる筈だから、なかなか容易には決まらない。》

「漱石の作品は、ほとんど、読んでられます？」「いえ、全部は読んでません。でも、好きですから、漱石と龍之介は、大分読み込んではいます」**「『草枕』？」**「一番好きなものの一つですね。漱石自身、他に東大の講義録の『文学評論』や『こころ』がそうだと思いますが、最も気合を入れて書いてる、というか。中でも『草枕』は、漱石の美意識の頂点というか。彼の言う、西洋にはない、東洋的、日本的、俳句的小説だと、自負心を持って書いていますよね」**「そやね……」**「はい」**「……那美さんを誰に演じさせるかが問題と？」**「はい。私の、女性観というか、好きな女性のタイプを考えているような」**「そのようですな」**「ここに出てきた女性、みな、僕の好きなタイプなんです」**「それは、**

言われなくともわかる。……彼女らのどういうところに惹かれるの？」「楚々としたところ、上品な気品というか、知性的なところとか」「逆に、ここには上がってないけれど、悪女的に気になる女性は？」「あります。むしろ、それらは、ブリジット・バルドーとか、ジーナ・ロロブリジダとか、ソフィア・ローレンといった風に、不思議に西洋女性の姿をとるんです」「……面白いね」「影の向こうにあるような」「で、……尊敬する女性は？」「一番はキュリー夫人。そして、神谷美恵子先生、マザーテレサ、『海からのおくりもの』のリンドバーグ夫人でしょうか」。〔このあと、家内との出会いの経緯話となり、偶然に見えて、実は、必然としか言いようのない縁について話した。一つだけ書いておくと、まだ一度も会っていない、後に私の妻になる人から届いた手紙の、学生大会の私の演説に対する三つの質問に応えた、二〇枚からなる分厚い手紙への返事が、何と、妻のご母堂からの葉書だったことである。「貴方様からの分厚い速達が届きましたが、実は娘はクラブの合宿に出かけた直後で、お返事が行くとすれば、一週は後になるかも……」。実は、この手紙の文面を見ただけで、まだ一度も会っていないのに、「この女性は未来の妻だ」と直観し、事実、この人と結婚したのである。「こういう配慮のできる母のある人なら、三〇年後には、この人自身がこういう母親になる筈」というのが、私の直観の内実であった。〕

もう一つ、このセッションではなかったが、演劇のことが出てきたとき、先生の言われたことで、とても印象深い言葉を思い出した。それは、いわば「治療者像」とでも言うべきものに帰趨するが、「**治療者は、たいてい監督や主役か相手役のどれかになってることが多いんやけど、真のセラピストは、観客、もっと言えば、舞台に徹することなんや**」と言われたコトバである。舞台は、全てを自分の上で演じさせながら、自身は一切ものを言わないし、何もしないけれど、次々と、いろんな物語が展開していくのをじっと見守っているわけだ。これは、まさに河合先生の真骨頂である。河合先生の名台詞の一つ、「**分析家は、何もしないことに全力を尽くす**」がふと思い出される。

やはり、吉本クリニックに通っていた頃のことである。すでに約束の時間を過ぎていたが、私は、河合先生から呼ばれるのを待っていた。前のアナリザントが、何らかの事情で、遅れていたのに違いない。すると、向こう側で待っていた男性で、先刻からちらちらと私の目に入っていたが、明らかに強迫神経症とおぼしき人が、さかんに貧乏ゆすりをしており、でなければcompulsion(強迫行動)の症状を待合室でも頻繁に出していて、私の方をちらちら観察している。おそらく吉本センセの患者さんであろう。突然、彼がススッと私のところに寄ってきて、「アンタ、どこ悪うて来てんねん?」と訊いてきた。「むろん、ココですよ」と頭を指すと、納得したというように、自分が先に座っていた場に戻っていかれ、また、貧乏ゆすりを始めるのだった。このことが何を意味するかといえば、河合先生は、アナリザントを、患者と同列におくことで、待っている間に、患者側から見えてくるものや、その周辺のことを体験しておくようにと配慮されたのだ、と気付いたのである。

第八夢　箱庭療法

《スイスのカルフ先生のところに来ている。先生はとてもいい表情で空港に迎えに来てくださり、ご自分の運転する車に乗るように言われ、チューリヒ湖とグライフエン湖の両方の湖が見渡せるチューリヒベルクの丘の上に連れていって下さって、「ここから箱庭療法が生まれたのよ」と微笑まれた。……ちょうど、私が訳していた、ドイツ語の『Sandspiel(箱庭療法)』の中の、クリストフの章に出てくる丘だった。確かに、ここから見るチューリヒの街は、まさに箱庭そのもので、美しい風景が一望のもとに眺められる。》

〔実は、当時まだ、私はカルフ先生のところには行っておらず、しかし、ドイツ語原著からの訳文はすでにゲラとなっており、どの章にどんなケースがどんな状況で登場し、どんな景色が背景になっているかは、すべて鮮やかにイメージ出来ていた。河合先生が、この療法にハコニワと名づけられたことも、カルフさんへの手紙に書いていた。〕

先生は、「**チューリヒは行かれたことあります？**」と訊かれ、私は「まだです」と答えた。「でも、カルフさんとは、先生の研究会で、すでに何度か日本でお会いしました、訳のことで、ときどき、手紙の交換もしてます」と言うと、「**そのうち、行かれるといいですすな**」と言われたのが印象的だった。〔事実、その数年後から、実に何度も出かけ、カルフ先生のご自宅に下宿することにもなったのである。〕

第九夢　父の子

《私は父に抱かれている。いつも父は私を背負わずに、子守帯を身体の前方に対面の形に抱いて、その上に綿入れの子守胴着を、通常と反対向きに羽織っていた。父の鼻の穴が二つ、私の真上にある。……父の身体の向こうには名古屋城が見える。金の鯱鉾《しゃちほこ》が夕日に輝いて、きらきら光っている。……急に、場面が変わって、B29が名古屋上空に大編隊を組んで襲来し、城に向かって焼夷弾を雨霰と降らせてきた。私の家も、城のすぐ近くなので、同じように焼夷弾の洗礼を受けている。辺りは真っ赤に炎上し、大きな炎の渦ともうもうと上がる黒煙が天空を覆った。ああ、私の家もお城ともども皆燃えていく。》

「**幾つの頃？**」「抱かれている方のは、炎上前の城が見えていますから、二歳か。父は、この夢の通りに、いつも私を抱っこおんぶしてました」「**珍しいな**」「母は家事や子育ての苦手な人でしたから」「……」「家や城が焼けたのは、三歳半の時です。空襲警報発令という言葉の意味もわからず、然し、その言葉を正確に大声で発して周囲にとがめられたそうです」「**記憶ある？**」「……実際には、疎開していたので、燃えるのは随分と遠方から眺めていましたから、目前では見ていません」「**どの辺りから？**」「母の里ですから、二五キロくらい離れてました。名古屋城方面は、夜の黒い帳の下でも真っ赤なカーテンみたいでした」。

第一〇夢　老賢者像

《滋賀の石山寺の境内の奥のよう。歩いていると、向こうから歩いてきた二人の老人の話が聞こえる。「池山栄吉先生の『歎異抄』のドイツ語訳は、本当によく出来てますなあ」「ああ、*Das Büchlein vom Bedauern des abweichenden Glaubens* ですな。あれは、とても素晴らしい訳で、原本は勿論のこと、どの現代語訳よりも理解しやすいと言われてる……」話し手の顔をみると、何と、岸本鎌一先生と、花田正夫先生だ。丁度ほころびかけた白梅の香りが心地よく匂ってくる。……場面変わって、アーキペラゴである。遠くにギリシア本土であろうか、青い陸影が霞んでいる。……毛皮のちゃんちゃんこを着た白髪白髯の老人が、長い弓を持って私の前をずんずん進んでいく。私は、見失わないようにと、一所懸命ついていく。……大きな岩の角を左へ曲がったところで、不思議なことに、弓はいつのまにか釣竿になり、老人は川岸に座ってゆったりと釣りをしている。見ると浮きがピクピクする。当たりだ、今釣り上げないと、と声を出しかけると、老人は、「当たりの時機があってな。こちらの計らいではなく、自然なそれを待つのが極意なのじゃ」と呟く。私は、「まだまだ、とてもそんな境地ではないな」とため息をつく。》

「初めの段落で出てくる岸本先生と花田先生と言うのは？」「岸本先生というのは、私の精神医学の恩師で、花田先生というのは、仏教の恩師です」「どういう印象を？」「前者は、学究肌の方で、フランクル(V. E. Frankl)の実存分析に傾倒しながら、仏教的な方法論で独特の精神療法を追求してられた方です。後者は、学生時代は旧制岡山大学医学部に在籍されていたのに、ドイツ語の池山栄吉先生と言う方の感化で、京大の哲学科に変わられ、そのまま、在家の念仏者になられた方ですが、私も、何度かお宅に訪ねて、歎異抄の御講釈を聴きました。それに、この独訳本を私の結婚記念にと下さったのも、花田先生でした」「そうか、アナタに精神的な影響を与えた大切な人たち」「はい」「……アーキペラゴ？」「多島海の意味ですよね。アーシュラ・ル＝グウィンの『ゲド戦記』を思い出します」「ゲドにも先生がいたね」「ゴントのオジオン」「あれ、凄い人やね」

「はい、ユングの本に出てくる「老賢者」というイメージにぴったりというか？」「……**夢の中の老人は、誰かに似てませんでした？**」「……そうですね。父方の祖父のようでもあり、……中島敦の『名人伝』の主人公のラストのイメージとか……」「**アナタの父方のお祖父さんはどんな人？**」「何でも、明治時代中期に、好いた女性と駆け落ちして、家から勘当されたとかいう熱血漢。親から勘当されて、裸一貫から始めたという人です。凄い癇性もちで、母によれば、私が生まれたばかりの頃、風呂を沸かして、祖父でなく、私を先に入れたら、急に怒りだして、新築の家のヒノキ風呂の桶にレンガをぶつけて壊してしまったとか……」「**母方のお祖父さんは？**」「白髪ではなく、禿頭でした。村一番の分限者。聡明な人で、いろいろな工夫や考えが斬新で深く、地元の教科書の副読本に載ったくらいの人でした。彼の技術や考えを学ぼうと、いつ行っても住み込みの書生が日本中から一杯集まっていました」「**むしろ、母方のお祖父さんに親近感がある？**」「はい。そう思います。その祖父は私を人一倍可愛がってくれました」「**白髪白髯……**」「「白い」から純粋さ、一途さ、年を経た知恵の象徴というか……」。

第一一夢　影との対決

《××はいかにも厭な奴。まず第一面構えが気に入らない。それに、コトバ遣いも、態度も気に入らない。しかしとうとう、彼と果し合いをせねばならなくなった。しかも殿様の御前で、木刀でなく真剣で。とすれば、このままだと単なる怪我ではすまず、どちらかが死ぬことすらありうる。ああ、嫌だな、どうしようかと、つくづく考えても、どうしようもない。……太鼓が鳴り、試合が始まった。こちらは正眼、向うは下段の構え。見合うこと数十秒、いずれからも前に出られない。ふと、相手の動きに微かなスキが。一瞬、得意の左から相手の右胴を払う。同時に相手は右を狙ってきた。しかし、一瞬の体勢の位置の差で、右脇腹から左肩にかけて鮮やかな逆袈裟に斬りあげられる。私はぐらりと傾き、どたりと大地に落ちた。……すうッと目の前が昏くなり、意識が薄れていく……。》

「ほほう、時代劇仕立てですな」「でも、この顔は、現実の××です。実際に全く気が合わない。はっきり、嫌いといった方がいいです。苦手ですね。私は、正眼、つまり、真っ正面からの正攻法です。彼と違って、裏で小細工をしたことがない。彼は下段、つまり、下からいろいろ、本来とは別のことで人の歓心を買ったり」「しかし、その人にもいいところはない?」「どこにも見つからないです。ハナから受付けられない」「じゃ、真剣勝負で切り合って、やられて、やっと彼の良さがわかる、ということ?」「さあ、血をみないことには、わからない」「それは問題やね。人間の生き方は、一枚岩ではないし、表街道だけではない」「やはり、多面的にいずれからも見えるようにならないといけませんか」「いけないとか、だめやとかでなく一度死なんと新しい見え方は出てこん、いうことのようやね」「一度死ぬ、というか、どうしても、どん底を通って、やっと再生への兆しが隠れてるのに気付くってことですか」「……」。

第一二夢　胎内空間・宇宙空間

《真っ暗な狭いトンネルのような、しかし、あちこち手を伸ばして探ると、どうも球状の柔らかい肉の器の中。……目を凝らすと、壁からはうっすらと赤黒い光が見えてくる。背後から、ドドッ、ザー、ドドッ、ザーと規則的に凄い音がする。何か、凄い奔流が近くを通過しているようだ。……それとは違って、遥か彼方から、懐かしいような嬉しいような、甘い声。その背後で、聴いたことのないような妙なる音も聴こえてくるが、それが何かはわからない。……さらに、目を凝らしていると、凄いスピードで流れていく血球のようなものが、巨大な円盤に見えてくる。突然場面が変わって、管壁を作っている細胞が一つ一つ拡大されていき、更に解像度が上がって、一つ一つの分子がみえ、隙間から、銀河宇宙のような闇に無数の星くずの塊があちこちに見えてくる。》

「何か連想は？」「……自分が、胎児になったような。不思議な感じがします」「ほほう、子宮の中にいる。……視点は、中にいる子どもの側から?」「はい、なぜか、そうなのです」「何か、きっかけは?」「はい、子どものこころの発達に関わる論文の構想を考えてて、赤ん坊からみた世界のことを考えていました……」「なるほどね」「それと、後半は、確か宮沢賢治の『春と修羅』の詩のなかに、リンゴが地球大になって、真っ暗な宇宙空間か分子の中を進んで行くようなイメージがありますね。こんな風に、夢では超ミクロ世界や宇宙大のイメージも出てくるんですね」「イメージの世界は、無尽蔵やからね」。

ある日のことだった。当時は、もう西大寺のご自宅に伺い始めていた。分析のため、いつものごとく、延々、新幹線・近鉄を乗り継ぎ、ご自宅に伺った際のことである。どうしたわけか、先生はご不在であった。玄関をあけてくださったのは、ご子息の俊雄少年(本書編者)だった。当時、中学生だったと思われる。彼は、「父には、時々、こういうことあるんですよ。庭でも見ていかれます?」(この時先生は、奥様と襖の張替えのための唐紙を買いに出られたとの由)。少年は、彼が庭で飼っているカブトムシの幼虫を見せてくれたのだった(また、数回後にも同じような不在があり、その時は、少年は卓球台を出してきて、彼と卓球をして帰った)。驚いたことに、先生は次の回に、無論冗談でだが、「息子に分析料払うてくれはりましたか?」と言われたのである。珍しく、分析の場でジョークが出た。これも、とても意味シンで、よく考えてみると、その前の回にお見せした私のいくつかの夢の意味を考えていて、この日の帰りの新幹線の中で読み返して、そのときには、はっきりとわかっていなかったことが、もう一度しっかりと反芻してみると、じわっと、別の深い意味が露になってくるのだったし、また別の回では、こちらが料金を払うのすら忘れて帰ったり、持っていった傘を忘れてきたりといった、こうしたほんのちょっとしたことどもも、深く考えていくと、いろいろな意味が隠されていたことに気付くのであった。

第一三夢　弥勒菩薩

《太秦の広隆寺にいる。山門を潜って入ったときから、辺りの空気は凛と漲って、そこここの木々も、何となく、佇まいからして違ってみえる。むろん、お目当ては半跏思惟の弥勒菩薩像。やさしく微笑んでおられる面立ちといい、ちょっとした指の仕草といい、神々しさや慈悲深さ慎ましやかさが、われわれのこころを癒して下さる。ところが、私は何もしてないのに、像はぐらっと傾き、真上から落ちてきた。うわッ大変だ。相手はわが国でも屈指の仏像国宝第一号。何か粗相でもあったら大変なのに、もし私が身を翻したら、仏像自体に大変な損壊を与えかねない。私はばっしと手と胴体で受け止め必死。しかし仏像はずっしりと重く、少しでも身体を捻ると下の土檀に落ちそう。そのうち、とんでもない事が起こる。弥勒のお顔が布袋様に変わり、しかも耳元まで裂けた大きな唇が薄ら笑いを浮かべて、私に、「どうするどうする」と大声で問いかけてくる。》

〔起きた時、両脇はぐっしょりと汗をかき、顔も首筋も冷や汗でじっとりと濡れていた。〕

「こりゃ、大変ですな。何かあった？」「いえ、これと言ったことはないのです。ただ、前回の帰り道、宇治に出かけました。黄檗山萬福寺と云う寺がありますね。あそこのご本尊は、普通は布袋様と言ってますが、ご住職に伺ってみると、あれって、中国では、弥勒菩薩なんですって。われわれ日本人は、広隆寺や中宮寺の弥勒こそがマイトレーヤ、つまり弥勒菩薩って思っていますが、中国では、おなかを出して、お臍すら出して、ぐはは一っと破顔大笑しておられる、あの一見、品のないお姿こそが、弥勒だというんです」**「そうなんや。あれには、私も参った覚えがある。……しかし、この夢では、広隆寺の弥勒が倒れてくる」**「いつだったか、あの小指を折ってしまった不逞の輩がいましたね」**「そうそう、大変なことしよった奴がいた。……ところで、アナタは、そもそも、お寺に何を求めて行かれるの？」**「やはり、自身のこころにある宗教性の核みたいなものを求めてなんでしょうか？」**「……いろんな言い方があるわけやけど、この問題も、**

じっくり考えた方がいいね」「はい。たましいの問題や、宗教性の問題や、死の問題は、安易に性急な答えを出そうとすると、却って、外れてしまいますよね」「**……この夢を見た後の、身体の反応も考えとく余地がある**」「……はい。汗でぐっしょりと濡れそぼっていました」。

第一四夢　地獄図

《辺りはとても薄暗い。あちこちで、鋭い叫び声がしたり、物凄い唸り声がしたりする中を歩いていく。足には何も履いてなくて、鋭い石の角や茨の棘が痛く素足の皮膚に食い込んでくる。背中には重い荷があり、それを吊った紐が肩に食い込むし、足枷、手枷が硬くて痛い。血の池あり、針の山ありで、どこかの寺で見た地獄図の光景。……周りに老いさらばえた人や血だらけの人、いろんな責め苦を受けている人たちが、助けてくれと手を伸ばしてくるが、私は何もできない。……彼らの顔をよくみると、患者さんのX、Y、Zさんらもいる。皆、自分の苦しみに耐えきれず自殺した方々だ。……私は、私なりに一所懸命尽くしたのだが、如何ともし難かった。いや、手立てはまだあったに違いないのだが、私にはその先が見えなかったし、手も施せなかった。凄い悔恨の情が私を責める。》

「壮絶ですな」「……この人たちは、実に何年も私が関わった方々です。自殺は同時に起こったのではなく、この数年の中でちらほらと……。一人は、何とご自身で作ったピストルで、たった一発の弾丸で頭を打ち抜かれて。一人は、自宅の松の木で首吊り。一人は高いビルから飛び降りて亡くなられました。私の配慮がどこかで足りなかったのだと……」「何とも言えませんな。あなた方精神科医は、こういう場面に出会わねばならんことが我々よりは多いね」「……」「人の計らいではどうにもならんことがある」「人事を尽くして天命を待つといいますが、綺麗ごとではすまされません。何か、自分に落度があったのかと自身を責めるのですが、どうにも、力が湧かないです」「自分の力だけでどうこうしようと考えていませんか?」「それはないです。むしろそうなら、不遜ですよね」「そう。人には人のさだめがある」「でも、ああ悲惨でなくとも……」「……自分を責めすぎてもあかんし、ほっとくのも駄目。じっくりと、受け止め、じっくりとその辛さを味わう……、そこから、次なる解決の道が出てくることも……」。

第一五夢　超新星爆発ともう一つの月

《真っ暗な闇の中、海と空とが水平線で境を成しているのが、水平線の僅かな光の反射で、やっと識別できる。海面下の遠方空間に月がある。その光線の真上を、左方と右方から直進してきた輝く金色と銀色の二つ球が凄いスピードで衝突するかと思いきや、するりとすり抜けて、そのまま、直進していく。……右方に向かった金色の彗星は、ひたすら四次元空間に。左方に向かった銀色の彗星は、二次元平面に突入。前者では、超新星爆発が起こり、そこから無数の放射線が飛び出した。後者の方は、黒白の菱形のチェック模様の中を細い銀線が進み、何故か突如ヒゲオヤジの似顔絵の右目に刺さるように入って吸収された。やがて月が出た。あれ、おかしいな。今日の月は、右上方二時の位置に、小高いコブ状の出っ張りがあるではないか。水爆実験で、地球の歳差運動が刺激されて、月と地球の中心線の延長上にある、公転周期が全く同じだったために今まで全く見えなかった、従来の月よりも直径が倍以上ある、もう一つの月、ウィンダム星の一部が、姿を現したのだった。》

「**これは？**」「はい、私は、昔から銀河や星座を見ながら空想にふける癖があって、よく、このような内容の漫画や小説を書いてました」「**誰かに見せた？**」「ええ、高校生の頃、手塚治虫先生の所に持っていったこともあるんです」「**何か言われた？**」「医学部は受けないのか？ って」「**で？**」「もし、私に漫画の才能があると思われるのなら、このまま、弟子入りしたい、と」「**そしたら？**」「まず、医学部に入って、その上でもまだその気があるんなら、また、来たらいい、と。結局、才能なかったっていうことですよね」「**もう一つの月との……距離は？**」「1AU（天文単位、地球太陽間の距離。約一・五億キロ）もありません。だって、せいぜい月までの倍くらいにすぎませんから……」「ユングも宇宙空間に行く夢があった」「ええ、現実には代わりに主治医の先生が死んでしまう夢ですよね。あれは、地上四〇万キロくらいでしょうか？　やはり、１ＡＵには至っていません」。

第一六夢　太古の深海中

《海中である。ガラパゴス辺りの海だと思っていたのだが、向こうの方に、アトランティスの海底に沈んだ大陸が見える。それは、外輪山の特異な形状でわかる。あちこちに、オウム貝が泳いでいる。よく目を凝らすと、辺りには、シーラカンスや三葉虫も泳いでいるし、海藻類もウミユリなどで、アンモナイトなどもいる。そこを私は友人と二人で潜水服もつけずに、しかも、スクーバどころか、スノーケルもつけずに泳いでいる。これらは太古の生物たちだ。一体、どうなっているんだろう。そう思って、上に揚《あ》がろうとした時、大きなサメが私たちを見つけたようだ。私たちは一所懸命に泳ぐが、足が海草に絡まって、身動きできない。》

〔やはり、起きたときに全身にぐっしょりと汗をかいていた。〕

「大変ですな」「どういうわけか、古代の海にまぎれこんだような夢です」「何か、読ん

でおられた？」「ええ、古生物学の本や、ＳＦなどを。サントリーニのティラ島の形状は、その昔、アトランティスの大陸があって、その中央の火山が爆発し、そのあと、大規模な地震かなんかで、大きな地殻変動があって、あそこら一帯すべて水没した跡だというんですよね」**「その出典は？」**「プラトンの『ティマイオス』辺り」**「……友人というのは？」**「中学の同級生です。彼、変わった奴で、白い肩掛けカバンのベルトのところに、日本××党とマジックで書いてて、……工学部の数学の教授の息子でした」**「いつも一緒やった？」**「はい」**「……で、深さはどのくらいやった？」**「一万メートルを超すマリアナ海溝ほどはない……その半分くらいかな」。

第一七夢　分析の終わり

《『正法眼蔵』の最終章、第九五章の標目だけが、床の間の掛け軸に書かれている。「八大人覚《はちだいにんがく》。一小欲、二知足、三楽寂静《ぎょうじゃくじょう》、四勤精進《ごんしょうじん》、五不《ふ》妄念《もうねん》、六修禅定《しゅぜんじょう》、七修《しゅ》智慧《ちえ》、八不《ふ》戯《け》論《ろん》」これは道元禅師の絶筆とされる有名なもので、書もなかなか達筆だ。誰の書であろうか？　最後に「懐奘《えじょう》之を記す」とあるが、これは道元の書いたものを懐奘が書写したのであって、しかも、この書そのものが真新しいから、懐奘の直筆とも思われず、それをまた書写した人がいたに違いない。が、書写した人の名が記されていないのでわからない。床の間に掛けたのは誰なのだろう。内容からして、正法眼蔵全巻の終わりを飾るのにぴったり。なぜなら、これは、釈尊の最後の説法そのものでもあるから。

……そう考えていると、河合先生が入ってこられて、「ほほう、道元の絶筆ですなあ」と思わず声をあげられた。先生も、正法眼蔵を読んでおられたのだ。私はとても嬉しくなって、「先生、禅師がこれを書いたのは、五三歳でしたよね。凄い成熟度ですよねえ。漱石も五〇歳になる寸前で亡くなっていますが、則天去私の境地に達するんですから、昔の凄い人は本当に凄いですね」というと、「ほんまや」とあの三白眼でぐっと唇を引き締められた。》

「『正法眼蔵』はいつ読まれた?」「学生時代に読んだんですが、難しくてわからないところが多かったです。最近、また、読み返してみて、やはり、難しいけど、以前よりは大分理解できるようにはなりました。特に、「有時」の巻など、ハイデッガーよりも七〇〇年も前に、殆ど同じことを言ってますよね」**「そう、道元は凄い人や。……ところで、久しぶりに、私自身が夢に出てきましたな」**「ええ、時々、先生が出てきて下さる。そういう時は、たいてい、節目の時ですね。普段、先生にお会いしてない時でも、先生なら、どう言わはるかな、と考えることが多くなったです」**「釈迦如来最後の説法も出てきてることとやし、そろそろ、この分析も終わりということですかな?」**「ええ、僕も、そう思いました」「しばらくしたら、今度は外国へ行って、この分析の続きをしはったらええ」「はい、そう願えると嬉しいですね。長いこと、本当に有難うございました」。

〔実際、その後、当時の勤務先の名古屋市大では名古屋市から、京大に移ってからは、文部省から在外研究でスイスに出かける機会を二度得て、いずれも河合先生のご紹介で、チューリヒのユング研究所のヘルムート・バルツ(Hermut Balz)所長と、ツォリコンの東西研究所のカルフ女史に、分析の続きと箱庭を、前者は一年間、後者は断続的に数年も受けることが出来たのだった。〕

分析家としての臨床家・河合隼雄

ほんの幾つかの夢をとりあげ、それに纏わる先生とのやり取りを掲げただけで、編者との約束枚数を大幅に越してしまった。ここに描写したのは、河合隼雄先生との分析の実際の、ほんの一端に過ぎない。ここには幾分、劇的構成のものを集めすぎた嫌いはあり、普段は、もっと日常的な夢が多かった。そのことを言っておかないと、夢分析というものを却って誤解されるかもしれない。

さて、いつも、先生は言葉は少な目であったが、私の提示したものを、本当にしっかりと受け止め、親身になって、じっくりと、一緒に悩み、笑い、考えてくださった。

こんなの、夢の感想を話し合っているだけで、臨床家としての河合隼雄は一体、どこに出ているのか？　という読者があるかもしれないので、老婆心ながら一言述べておくと、箱庭療法や絵画療法など私のいう表現療法とて全く事情は同じだが、夢も箱庭も絵画作品も、それらは治療者(ここでは分析家)との関数関係で出てくるものなのだ(以前、まだ、カメラがデジタル化されていない頃、七人の臨床家が、同じカメラを共有していたことがあった。つまり、七人が、それぞれ、何人かずつのクライエントをもって箱庭をしていたのだが、私は、出来て来た三六枚のスライドを、そのクライエントが誰であるかは全く知らなくても、各治療者に正しく分配することが出来た。つまり、作品は各セラピストの性格や人格との関数であり、セラピストの箱庭との関わり方の深浅との関数だったわけで、その頃から私は、こうした作品は、治療者―患者間の共同作品なのだと思っていた)。

だから、違う治療者とでは、実は、全く違う夢が出てくる(有名な例では、フロイトとユングとメダルト・ボス(Medard Boss)の三人に分析を受けた人が、フロイトとの間では精神分析的な性に纏わる夢を、ユングとの間では元型的な、ボスとでは現存在分析論的な夢を報告しているのがある)。よって、ここでも、夢そのものが、分析者と被分析者との共同作品なのであり、夢をみていくだけでも、分析家ははっきりとそこに現れ出ているのである。このことは、ユングがレヴィ＝ブリュール(Lucien Lévy-Bruhl)の言葉を用いて、mysterium coniunctionis(融即)と表現していることがその内実であるが、それについては章末の文献に譲る。

　さて、河合先生の印象は、いつも半眼の姿勢でじっと私の語りを聴いていて、時折、上に書いたように、いくつかの感想や簡単な問いを下さるだけ。しかし、聴いていただいていると、何か深く広いものに包まれた感じで、何時しか私はイメージの世界から、深い自身の無意識の底に分け入っていける、という思いがあった。時に、深い話や、思いも寄らない神話や宇宙の話が出てくるかと思えば、インドやギリシア、中国の話になることも。そして、大抵はいつもの、全くの無言が続く。そんな時、座禅堂の中にいる気分にもなった。まさに、自分自身との対話を、いつも見守ってくださった思いがある。

　夢については、まさか、こんな夢が出てくるなんて、と驚かされること度々であったし、驚いたのは、或る夢を報告したときなど、「**まだ、見方が甘い。もっと、しっかりと見てきてもらわんと**」と言われ、そんな、夢の続きなど見られる筈がない、と思っていたら、ちゃんと、その続きが出てきたり、次に全く同じ場面が出てきて、更に鮮明になったり、と不思議な体験が多い。そんな時、この人は、魔法使いか、神の申し子か、と訝られること度々で、ひょっとして催眠様の、暗示にかかっているのかと思ったこともあったが、事実は違っていて、夢というのは本当に、フロイトもユングも言う通り、人間の無意識に至る王道なのだと合点がいった。しかも、河合先生は冷静沈着で、かつ、いつも温顔をされていて暖かであるが、一方で、きちんと現実を見据えておられる所があり、とても怖い人だと感じることも多かった。

その後、私が京大に移って、ご一緒に仕事をさせていただくことになり、部屋も隣同士だったので、時々、先生の部屋の前で待っておられるクライエントの方をお見掛けすることがあった。お互い目を合わせるのをさし控えるが、そんな時、彼らの態度から、ああ、河合先生をシンから慕っておられるのだな、ということが一目でわかった。先生は、本当の意味で臨床家であったのである。

心理臨床の営みの目的が、「悩みをとる」ことではなく、「悩みを悩む」ことであるのを、真の意味で教えて下さったのは、河合隼雄先生である。先生が開示され、熱い口調で説かれた臨床家の道は、広大で、かつ深い。先生のたましいの安らかなるご冥福を祈るとともに、筆者をここまで育ててくださったご恩に感謝の念で一杯である。

[文献]

(1) Jung. C.G.: *Mysterium Coniunctionis: An Inquiry into the Separation and Synthesis of Psychic Opposites in Alchemy*, BOLLINGEN SERIES, IV, Princeton University Press, 1956.

(2) Lévy-Bruhl, L.: *Les Fonctions Mentales dans les Sociétés Inférieures*, 1928.(邦訳『未開

社会の思惟』山田吉彦訳、小山書店、一九三五).
(3) Yuien; übersetzt von Ikeyama, E.: *TANNISHO, das Büchlein vom Bedauern des abweichenden Glaubens*, Risosha, Tokyo, 1965〔初版は Kyoto, Hozokan, 1940〕.
(4) 河合隼雄『河合隼雄著作集』岩波書店、全一四巻、一九九四〜一九九五、第Ⅱ期 全一一巻、二〇〇一〜二〇〇四。
(5) 山中康裕『山中康裕著作集』岸本寛史編、岩崎学術出版社、全六巻、二〇〇一〜二〇〇四。

山中康裕(やまなか やすひろ)
一九四一年生まれ。名古屋市立大学大学院医学研究科卒業。博士(医学)。浜松大学大学院教授、京都大学名誉教授。第一九期日本学術会議会員、国際箱庭療法学会(ISST)Founder、国際表現病理・芸術療法学会副会長、国際表現療法学会会長。著書に『少年期の心――精神療法を通してみた影』(中公新書)、『臨床ユング心理学入門』(PHP新書)、『老いのソウロロギー(魂学)――老人臨床での「たましい」の交流録』(有斐閣、ちくま学芸文庫)、『絵本と童話のユング心理学』(大阪書籍、ちくま学芸文庫)、『山中康裕著作集』(岩崎学術出版社)、『心理臨床学のコア』(京都大学学術出版会)、『深奥なる心理臨床のために』(遠見書房)など。

分析体験での箱庭

川戸　圓

河合隼雄先生との教育分析の体験を、客観視して文字にするという試みにはなかなか踏み出せず、ずいぶん悪戦苦闘してしまった。「さあ、書き出そう、書かなければ」と、当時の資料を積み上げ、手当たり次第に読み漁りながら、半年も過ぎてしまった。S・フロイトの言う「抵抗」のようなひっかかりが完全に消えたわけではないが、教育分析の中で置いた箱庭に焦点を当てて、分析体験を書いてみようという決心がようやくついた。分析体験を文字にすることはもちろんのこと、箱庭も私の置いた箱庭であるから、私の個人的なものが漏れ出ることは避けられない。その個人的なものが持つドロドロとしたものは、時の経過とともにある程度沈殿したと思われるので、残された上澄みを文字にしていけたらと考えている。

河合先生との出会いと教育分析の始まり

河合先生との出会いをアレンジしてくれたのは、河合先生のご友人であり、私の恩師でもある牧康夫先生である。一九六七年に出版された『ユング心理学入門[1]』の前書きには、「畏友、牧康夫氏(大阪府立女子大学助教授)は、この本が世にでるように出版社に紹介してくださったのみならず、この本の原稿を読みとおして、たくさんの有益な忠告をいただいた」と、謝辞が書かれている。牧先生の紹介で、河合先生の講義を聞いたり、仲間と共に先生のご自宅にまで厚かましく押しかけたりしていたものである。当時、牧先生が強度の神経症を患っておられ、著名な臨床家の治療を受けてこられた後に、河合先生の分析を受けておられたことは公然の秘密であった。

私は二〇歳で牧先生に出会うのだが、先生はその頃から「死」「異界」としか表現のしようのない匂いをまとっておられた。思春期・青年期には多くの人が「死」「異界」といった世界へ接近するものだが、時間の流れとしてはその時期を過ぎておられたにもかかわらず、なおその匂いを濃厚にまとっておられる人に実際に出会ったのは初めてのことであったのかもしれない。当時から小林秀雄を愛読していた私は、小林が一九歳で「蛸の自殺」(もっともこれを実際に読むことができたのは最近である。存在は知ってはいたが公刊されていなかったのである)を、二二歳で「一つの脳髄」を、二三歳で「紀行断片」を書いているのは、小林の大島へ向かう海での自殺願望を表わしていると解釈し、それが後の小林秀雄の創作活動の基底となっている、という私なりの臨床心理学的小林秀雄論を、妙な親近感から、牧先生にぶつけてみたことがあった。今となればその親近感は私の投影(Projection)でしかなかったかと悔やみもする。

牧先生と河合先生の分析関係は長くは続かなかったようである。曖昧模糊としたものをそのままに置く事に対する、牧先生の許容範囲と河合先生のそれとのずれが一番の問題ではなかったかと推測している。牧先生にとっては合理性が最も重要なものであり、一方河合先生は、ユング心理学を通して、非合理的なものへの敬意が高まっておられたと思われる。その後、牧先生はユング心理学および河合先生に距離を置かれるようになり、「合理的な人間改革の方法としてヨーガを日本に取り入れられた」佐保田鶴治先生のグループに、関わっていかれたようである。あくまでも合理性を大事にしながらご自分の問題と向き合おうとされた先生の最後の努力だったと思う。

一九七六年、牧先生は大島へ向かう船の上から姿を消された。船には先生の鞄だけが残されていたらしい。先生、五一歳の時のことである。ちなみに先生はフロイト研究にも打ち込んでおられ、遺稿として、『フロイトの方法』(2)が、先生の京都大学人文科学研究所時代の先輩であられた上山春平先生によって、まとめられ、出版されている。私自身もフロイト研究を目指してはいたものの、当時フロイトの著作が読み続けられなくなり、新たな突破口を精神分裂病(現在の統合失調症)の研究に求めていた。精神分裂病の症状には、象徴的な意味で、「死」「異界」が別の世界としてではなく、この世と同列で存在するように感じられたのが、その理由である。私は牧先生にフロイトの研究から離れること、そして精神病圏にある人の臨床の可能性を探りたいという意向をお話ししていた。それが現実的な「死」へと向きがちなエネルギーの方向性を、象徴的な「死」「異界」へと変容させることになるのではないか、そのような実験を自分に課してみたい旨を告げていた。先生からは、「川戸さんは強いですね。僕にはその強さがありません。精神病の研究の向こうにはユング心理学があるかもしれませんね」といった内容のお手紙を頂いた。

この手紙を持参して、牧先生の死後、間に入って下さる方もあって、河合先生に教育分析のお願いにあがることになったのである。その手紙は河合先生にお渡ししたままで、私の手元に戻っては来ていないので、残念ながらおおまかな内容以外は記憶に残っていない。河合先生はこの手紙に目を通されると、黙ったままそれをズボンのポケットに入れられた。「あれ?」と思いはしたが、それが当然であるという有無を言わせぬ空気があって、「お返し下さい」とお願いできないままになってしまったのである。こういった経緯で、河合先生と私の分析は、牧先生と河合先生の分析の延長線上に位置するという形で、始められたようにも思われる。

教育分析での箱庭

「あんたに覚悟はありますか?」、それが教育分析を始めるかどうかの最後の詰めの段階で、河合先生から出た言葉だった。「あんた」という呼び方に先生の微かな苛立ちを感じ取ったものである。「牧さんの延長で、この人を断れないな」と疎ましく感じておられるのが伝わってきたが、それは当然と言えば当然のことなので、ひるまずに「覚悟があるので参りました」とお答えすると、「ほな、来週からやりましょか」ということになった。勝負の一瞬だったと思う。教育分析の流れの中で、折に触れて組み込まれる対決(Confrontation)と、対決後の空気の変容の素早さは、外国の方との分析でも経験したことのないものであった。外国の分析家との対決が意見の相違によるものであるとするなら、河合先生とのそれはいつも根本的な態度を問いかけるものであった。意見の相違など幾らあってもいい、表面の違いをとやかく言挙げされない態度は、分析場面においても現実場面においても、一貫したものとしてあった。私は教育分析を、外国の方を含め五人の方に受けてきたのだが、河合先生を最も尊敬しているのは、その点に帰するのではないかと思っている。

さて、夢を持参して夢について話し合うという形式で教育分析は始まったのだが、分析開始後数回で、やはり牧先生の夢が出て来てしまった。それは以下のようなものである。

夢：広大な砂山を私と牧先生が登っている。しかし登っても登っても砂とともにザーッと滑り落ちてしまい、私たちは永遠に登り続けていなければならないことがわかる。登ることをやめると、ずるずると砂に呑み込まれてしまう他ないのだ。私が砂山の少し上方にいて、牧先生は少し下方である。ある瞬間に牧先生が登ることをピタリとやめられる。私は大声で「せんせー、駄目でーす。登って下さーい。登り続けて下さーい」と叫ぶが、牧先生はみるみるうちに砂に呑み込まれて行かれる。

分析室で、この夢を読み終わっても、河合先生は何も言われない。小さなテーブルをはさんで、二人は揃いの椅子に座り、向かい合っている。いつもは「ほー」とか、「こりゃ、凄いね」とか、「面白いね」とか、一言おっしゃり、それを合図のように夢の詳細に入っていくのだが、それがない。椅子の肘掛けに左手の肘をついて、掌で額と目頭を被っておられる。そのまま動かれない。ふと泣いていらっしゃるのかもしれないと思ってしまった。この夢の報告の二年後に、ご遺体のあがらなかった牧先生とのお別れの会が催されたのだが、桑原武夫先生等に続いて壇上でお別れの言葉を語ろうとされた河合先生は、「僕と牧さんは……」とここまで言われて、後は滂沱の涙となった。その時、分析室で涙されたのではと感じたことは、間違いではなかったのだと悟ったものである。

さて、私も語り出せず、右手にある本棚に並んだ書籍の背に目を泳がせながら、沈黙のうちに分析時間は終りに近づいた。分析の終了時間ぴったりに、先生はひょいと顔をあげられて、「時間が来ましたな」と言われ、不思議な時間と空間は閉じられた。分析室を出る瞬間に、「次から箱庭を置いてみませんか」と、言われた。「わかりました」とだけお応えした。

なぜ箱庭なのか論理的にはわからなかったが、それは「いいかもしれない」と瞬時に感じたのである。それは単なる「砂」つながりというわけではない。しかしその直後から次の週までの一週間が苦しかった。それまでに箱庭療法を学んではいたが、コミットメントしたことはなかったのである。どのように砂箱に向き合えばいいのか。あの玩具、アイテムはこの重苦しい私を託すに値するか。不安が疑問の形をとって次から次へと襲いかかってくる。さらには、絵を描く、工作をする、何か作り出すことに、とても不器用だった自分が思い出されてくる。とりわけ教室で、大勢の人の中で描く、作ることが苦手だった自分。時間内にできあがらずに、というよりできあがらなくして、家に持ち帰り、自分の部屋に独りで籠って、ようやく安心して取り組むことができた自分。持ち帰りを禁止されたときのあの無力感は何だったのか。教室と自分の部屋という空間の違いがもたらすものは、何だったのだろうか。他の人がいる、いないというのはどういうことであったのだろうか。一週間経っても数多くの疑問に答えを出せないまま、分析室から箱庭療法室へと部屋替えをして、箱庭による教育分析が始まる直前に、私は態度を決めた。「あの箱庭の部屋に河合先生はいないことにしよう」「私独りの空間にしよう」

と。その上で、「今迄の自分全てに問いかけて、出てくるものを作ってみよう」、「上手、下手はなし、下手でよし」と。さらに「問いかける時は目を瞑ろう」、「瞑った目の奥に出てきたものを玩具で表わしきれない時は、仮の姿でいい」と。「決まる」と、ようやく落ち着いて箱庭の前に立つことができた。

箱庭を置くことと夢の分析の二つを柱とした教育分析は約一年半続き、その後は夢分析だけに戻っている。ここでは箱庭の最初の半年のプロセスをたどってみることとする。九〇枚の写真を選んだが、図8と図9は同じものを別の角度から撮ったものなので、九回の箱庭の写真を提示することになる。私が持っている写真は、箱庭を置いた直後にその場で河合先生がポラロイドカメラで撮られて、私に下さったものである。それとは別に普通のカメラでも写真を撮っておられたので、河合先生の資料の中にはそちらが残されていると思う。ポラロイド写真である上に、約三〇年前のものなので、もともとはとてもぼんやりとした写真であるが、可能な限りの修正をして頂いたので、少しはみやすくなっている。しかしながら十分でないのはご容赦願いたい。

一回目のタイトルは〈大島と青い海〉(図1)である。大島を置くことは決まっていた。箱庭の内法は、57×72×7㎝であるが、その中に高さの三分の二、つまり四・七㎝ほどまで砂が容れてある。かなりの量の砂である。まず砂の量を少し減らし、それから残りの砂を水で湿らせ、左上に寄せて小山を作り、大島とした。砂を出した砂箱の底には、

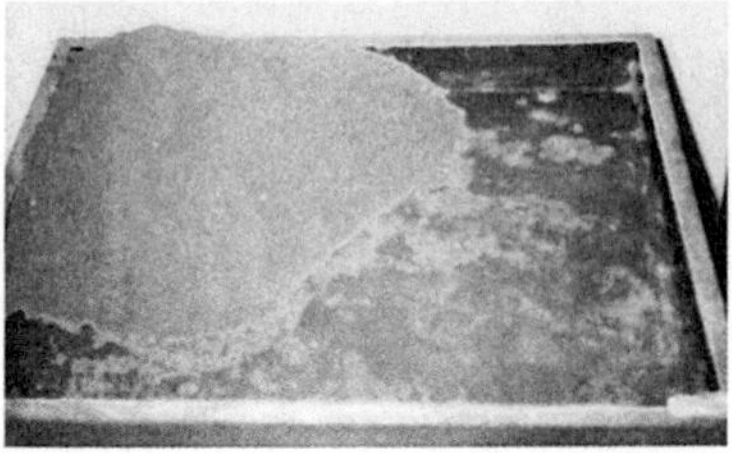

図1　大島と青い海

使い続けてこられた証のように、砂がこびりついていた。広大な青い海と小さな大島が私の中にはあるのだが、目の前にある箱庭はそれとは異質なものでしかなかった。「仮の姿だ」と納得させようとしたが、これにはどうしても納得できなかった。次の回にもう一度挑戦して、大島と海を置くことにした。その回では最初に箱から砂を全て出した。そして砂箱にこびりついていた砂をきれいにこそぎとった。砂箱の内側は青く塗ってあり、砂を除けば、海や川や湖が、あるいは空や宇宙が現れるようになっている。こびりついた砂がこそぎとられたきれいな砂箱は真っ青な海となった。ほんの一握りの砂を左上に戻して島とした。それでもなお自分の中のものとは異質であるという感じを拭い去ることはできなかったが、今回は「仮の姿」として納得することはできた。箱庭の完成作品に対するこの異質感は四、五回後には、不思議なことに、完全に消えてしまっていたというか、忘れてしまった。

さて「河合先生はいないことに」した空間で、河合先生は「本当に」いなくなってしまわれた。代わって、私の創作のお手伝いさんが、出現してきた。私の思いが言語化されないままに、ピタリとかなえられるという現象は面白いものである。砂箱の砂を出し始めると、砂を入れるポリバケツをもって側に立ち、砂を出す作業のお手伝いをしてくれる。「こんなもんですかね？」「いや、もう少し出します」と、お手伝いさんと創作者の会話になる。「砂を全部出します」と言うと、「バケツがもっといるな」とポリバケツを準備してくれる。砂箱の底にこびりついた砂をヘラでこそぎ始めると、創作者以上に必死でこそぎ始めてくれる。出来上がると、「きれいになったな」と創作者の気持ちを代弁してくれる。創作者の手足になりきった存在者は、創作の妨げにはならなかったのである。そのようにして河合先生は自分の存在を消され、私はというと、子どもの頃、作品を家に持ち帰って、独りで籠って安心して作りあげることのできた空間を、再び手に入れることができたのである。その空間は、生来鈍くさい私に、何か別の力を与えてくれたとしか思えなかった。

個人的なことになるが、私にはある事情から父と日常生活を共にした経験がゼロに等しいほど少ない。父は客人のように「ハレの日」に出会うだけの人であった。そんな父との「ハレの日」の思い出を数回置き続けた。その後七回目で、〈私の人生〉（図2）を置いた。砂は四壇の四分の一の円になっている。石と砂だけの箱庭である。石はその壇を登ったり、降りたりして、ジグザグに続いている。それらの石の一つ一つが、私の中にあって見えてくるものを、表わしている。こうして写真を見ると石に過ぎないのだが、各々の石は見えてくるものに相応しい形状、色合いのものが選んである。この時のお手

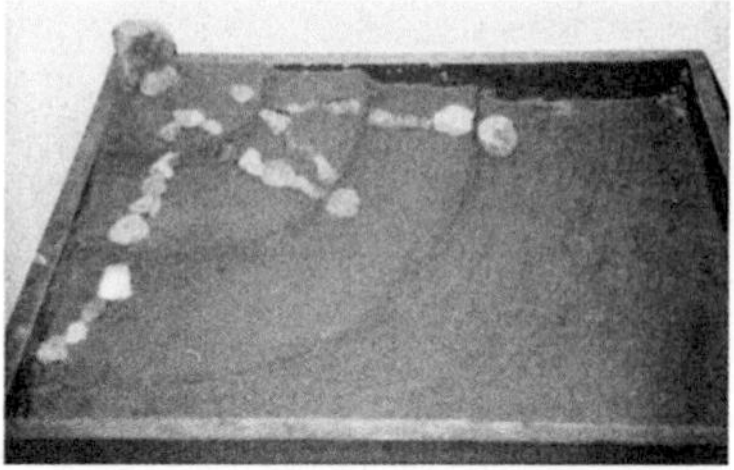

図2　私の人生

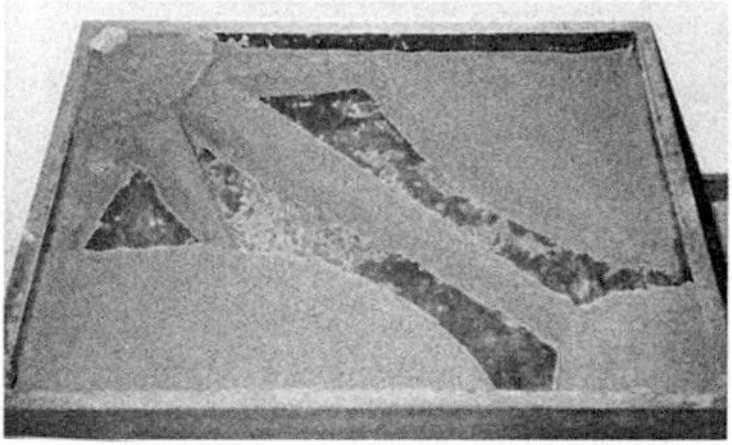

図3　月と石と私

伝いさんは、お手伝いすることがあればすぐにという感じで、側におられるだけであったが、左上隅の角に立ててある石が揺らいだ時には、「おっと」と、支えてくれていた。創作者はその石の前に一つの小さな石を置いて支えとした。これらは一種の墓標でもあったのだ。

八回目では、〈月と石と私〉(図3)を置いた。これは目を開いていても閉じていても、心を沈めれば、はっきりと浮かんでくる光景である。小学校の五、六年生の頃、遅くまで学校に残り(あるいは残され?)、独りで家路についた時のことである。冬の夜で、冷え込みは厳しく、澄んだ月が出ていた。雪は既に降り止んでいるが、大雪で一メートル以上積った雪は、踏みつけられた雪道の両側で、そしてその向こうに広がる田んぼの上で、青白く輝いていた。手袋をはめた両手で雪の表面を強く叩いてみる。表面はカチカチに凍っている。こういう時は近道ができる。道ではなく田んぼの雪の上を歩くことができるのである。湖が凍った時に湖の上を歩くことができるのと同じである。誰も見る人がいないことを確かめて、私は雪の上によじ登った。大丈夫、歩ける。踏みつけられていない新雪である。私の前には真っ白に広がる雪原と煌々と照る月以外に何もない。月の光は滝となって私にだけ注いでくるようだ。歩き出すと、滝のように注ぐ月の光が月へと続く一本道と見えてくる。月の光は私を月へと誘っているようだ。光の道を手繰り寄せるように私は一歩、一歩と、進んで行った。私の行くべき場所が、居るべき場所がその先にはあるように思われた。その時に何故か「父の家」という言葉が浮かんできた。「父の家」を求めていたのであろうか。ふと我にかえると、田んぼを突っきって、もう川がそこまできていた。私は進路を右にきった。そしてほどなくして、田んぼの上の新雪から踏みつけられた雪道へと戻った。「かぐや姫の気持ちわかるなあ」と、独り言をいいながら現実の家へと戻って行ったものである。この箱庭はその時の光景を置いたものである。創りながら、その時の体験を、恐る恐るではあるが、語りにすることを試みてみた。砂で、月の光をシャープに表現することが難しくて、ずいぶん手間がかかった作品である。お手伝いさんも木やプラスチックを使って、ずいぶんと助けてくれた。お手伝いさんはただ箱庭創りを見ておられる時もあるが、この時のように黙って創ることに参加されることもあった。お手伝いをしながらお手伝いさんは涙を流された。他人の涙が私の中に何かを呼び起こすという不思議な体験をした。

図4　底なし沼

図5　神はいずこに

一一回目には〈底なし沼〉(図4)を置いた。砂山の中央にぽっかりと開いた「穴」が「底なし沼」である。「穴」は砂箱の底を突き抜けてどこまでも続いているという意味で、「底なし沼」であった。葉をつけたまま薄茶色に立ち枯れている木が、「底なし沼」の入り口を指し示すものとしてある。「穴」を創り終えて、「入り口ですね」と創作者が言うと、「ふーん、出てもきそうやな」とお手伝いさん。「入り口ですね」「出てもきそうやな」という会話によって、「底なし沼」は入り口であるだけではなく出口ともなり、一つの境界面に、より正確に言えば、境界としての道に変わっていったのである。お手伝いさんからひょいと出てくる言葉によって、世界の構造がひょいと変化するのがとても新鮮であった。左下隅の壇上にある石は、一度「底なし沼」に落ち込んで、そこから出て来たものである。

一三回目は〈神はいずこに〉(図5)である。中央上部の半円壇の上に光背を備えた仏像が置かれ、その姿は石で隠されている。岩場を渡ってきた動物たちはそこへたどり着けずに、死に絶えていっている。創作者には方向性の喪失がひしひしと迫ってきていたが、お手伝いさんはただ黙って見ていた。方向性が余りにも一方的、直線的であると、見ておられたのではないかと、今になってふと思う。煮詰まることには常に短絡性がつきまとうものである。

一四回目は〈神は死せり〉(図6)である。中央の円形の山の穴に観音が横たわり、黒い野獣がこれを引き裂いている。白い馬が四方へと散らばって行く。右下隅には二体のお地蔵さんが登場している。初めての登場である。左下の四分の一の円はお手伝いさんの制作である。観音の死が四つの方向性を生み出していることが面白い。大きな一神が死んで、小さな何処にでもある二体のお地蔵さんが生まれた時、「ほー、お地蔵さんですな」と、肯定的な響きをもった口調で、お手伝いさんが発言したのも印象に残っている。この箱庭を置いた頃、私はとても不調であった。世界が没落する夢を繰り返し見ており、一度などは大地震に襲われて飛び起き、実際に玄関から飛び出し、朝靄の中に変わらぬ現実世界を見てなお、深い地割れがどこかにあると思い込んで、探し回ろうとしていた。数分経ってようやく夢だと気づいた次第であった。振り返ってみれば、この頃、三〇歳を過ぎていたにもかかわらず、ようやく私の「遅れてきた」思春期が終わろうとしてい

図6　神は死せり

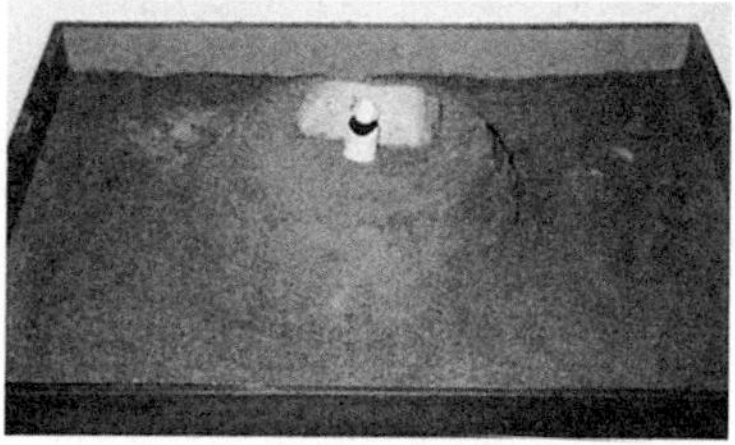

図7　終末―ねむり―

たのだと思う。変革の時であった。分析に出かけられない時も一度あった。その時河合先生は電話をしてこられた。電話口では、「どうですか」と言われるだけで、後は何も言われない。どうと言われても話すことのない私は、しかたなく、地震の話をしたのを覚えている。「しんどいです」と素直に訴えるのは、当時の私にはとても苦手なことであったのだ。現在では安易に訴え過ぎるようになってしまったが……。

一六回目には〈終末―ねむり―〉(図7)を置いた。これは私のお墓であった。円墳である。墓石を置き、その前にお地蔵さんを置いた時、気持ちが安らかになっていくのを感じることができた。創作者が「これで少しは眠れそうです」と言うと、「お地蔵さんもおるしな」というのがお手伝いさんの応えであった。

一七回目では多くの石を使った箱庭を創ろうとしたのだが、石の数が足りず断念するという出来事があった。それに続く一八回目のことである。河合先生が時間になっても箱庭療法室の前に姿をみせられない。お忙しい先生の日常が始まる前の早朝の時間をいただいていたので、遅れられたのであろうと、しばらくお待ちすることにした。約束の時間から一〇分ほど経って、河合先生は段ボール箱を抱え、三月というのに、汗だらけで来られた。「悪かったな、遅れて。来てからな、裏山に石を拾いに行っとったんや」と、段ボールを「ほら」と見せてくれた。段ボールの中はごろごろと大小の石で一杯であった。ここまでされることに分析家の一つの姿を見せて頂いたと思う。直接的なお返しはできないけれども、私のクライエントさんたち(被分析者)に必ず返していこうと、心に決めたことも覚えている。教育分析は自分と向き合う作業であると同時に、被分析者になった自分に対する分析家の関わりから、分析家としての基本的態度を学び取っていくという作業もあるのではないかと思う。

一八回目の箱庭は〈白鳥《しらとり》とお地蔵さん〉(図8・図9)である。また最初に砂を全部出したのだが、そのほとんどはお手伝いさんの仕事であった。左上に石を組んで洞窟を創り、青の上に白い石で円を、マジック・サークルを創った。マジック・サークルというのはおとぎ話でも時折出てくるが、守られた円空間であり、また聖なる空間でもある。マジック・サークルの中に一羽の白鳥を置き、穴の中には苦労してお地蔵さんを置いた。最初に創った洞窟にはお地蔵さんを納めることができず、洞窟をすこし大きく創り直して

図8　白鳥とお地蔵さん(その1)

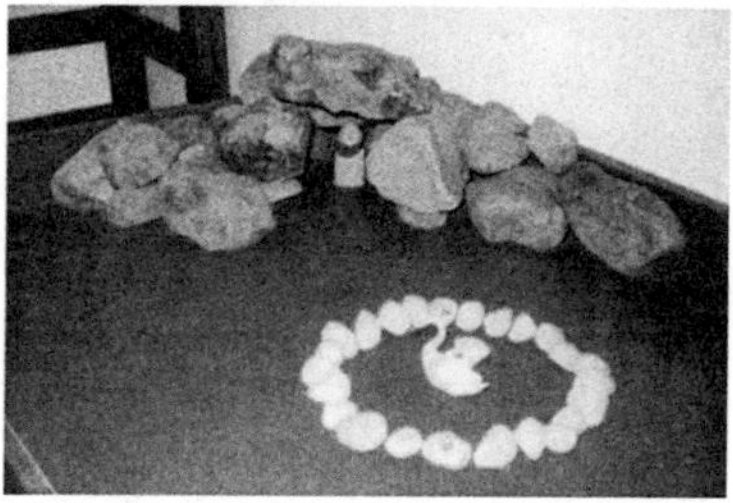

図9　白鳥とお地蔵さん(その2)

やっと納めたのである。ずっと後になって、「あのお地蔵さんは僕やと思ったな」と、先生は感想を述べておられた。置いている当時の私はそんな風には一切思っていなかったし、今でも一対一対応的に先生はお地蔵さんであるとは考えられない。それでいて「あのお地蔵さんは僕やと思ったな」という先生の感性は的確であったのだと感じられる。私の中では飛び立とうとする白鳥をお地蔵さんは見守っているのである。お地蔵さんのいる洞窟は、「底なし沼」と同様に、出入り口であり、境界領域である。飛び立つという運動には境界を越えるという動きが伴うものである。境界領域の守り手であるお地蔵さんは、結果として、白鳥の守りになる。そういった意味で、見守り手である分析家は境界領域に存在する者であるのだから、お地蔵さんでもあるとも言えよう。お地蔵さんも多義的であり、分析家も多義的である。先生の「お地蔵さんは僕やと思ったな」という発言は、おそらく「僕」という概念を先生が多義的に捉えられた上でのご発言ではなかったかと思う。直線的な時の中では一義的である関係性は、循環的な時の中では、多義的なものとなる。「僕」「私」も多義的であるというのも河合先生から学んだ大事なことの一つである。ついつい私たちは「私」を一義的なものと考えて、心理療法の場の中に置いてしまいがちである。

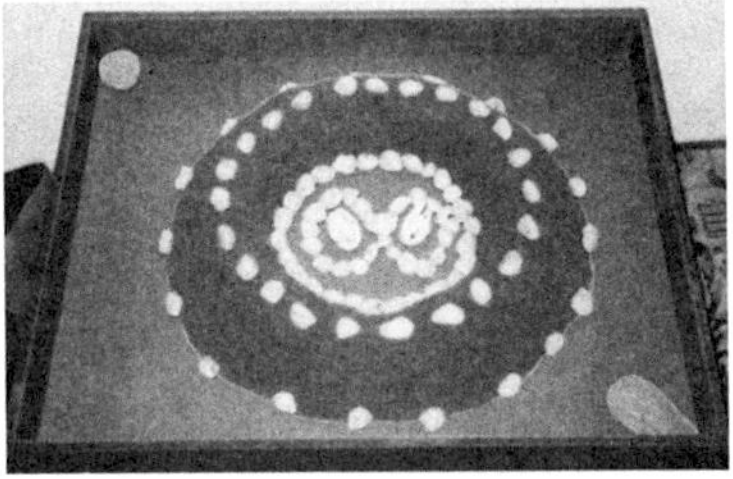

図 10　白鳥と石

最後は二二回目の〈白鳥《しらとり》と石〉(図10)である。この曼荼羅で箱庭は一段落着いたと思われる。この頃に私はあることを決めていた。スイスのユング研究所に出かけることである。その頃までは旅が嫌いで、飛行機に乗ったこともなければ、関西を離れたこともなかったのだから、無謀な決断であった。未だに決断し、実行できたことは不思議なこととしか思えない。ただ教育分析での箱庭の体験が出立の引き金になったことだけは明らかである。

振り返ってみれば、これらの箱庭を一人で置いたという感じがしない。それはただ単に河合先生がお手伝いして下さったからという意味ではなくて、二人して箱庭の向こうにあるものに眼差しを向け、二人がいる時空の中にそれを形として納めてきたという感じがあるからである。分析家は常に被分析者に「保護されて守られた空間」を与えるだけではなくて、それは当然の事として、二人で新しい時空へ挑戦するという意味合いもあるのではないかと思う。私の出立は、そういった意味で、河合先生なくしては成り立ち得なかったものである。

〔文献〕
(1) 河合隼雄『ユング心理学入門』培風館、一九六七。
(2) 牧康夫『フロイトの方法』岩波新書、一九七七。

川戸 圓(かわと まどか)
一九四七年生まれ。大阪女子大学修士課程修了。大阪府立大学人間社会学部名誉教授。川戸分析プラクシス主宰。ユング派分析家。著書に『治療精神医学』(共著、医学書院)、『心理面接のノウハウ』(共著、誠信書房)、『臨床心理学にとっての精神科臨床』(共著、人文書院)など。

河合隼雄という臨床家

皆藤　章

河合隼雄については、生前のときも永眠してからも、その専門である臨床心理学の領域だけではなく、文筆家、芸術家など幅広い領域の個性によって実に多くが語られてきている。それらのすべてにふれたわけではないけれども、わたしの知るかぎり、そこには河合隼雄が実に魅力的な人物として、そしてたましいの鼓動を感じさせる人物として語り出されている。それらを読むにつけ、わたしはほんとうに羨ましかった。わたしにとっては、河合隼雄は、そのように魅力的に描き出せる存在ではなく、むしろ畏怖の人とでも言えるほどに厳しさを体験させる臨床家だったからである。もちろん、ときの流れのなかでその感覚は変わっていった。けれども、わたしの内で沸々と生きている河合隼雄は、いまも真剣勝負の相手であることに変わりはない。このようなわたしの体験は、河合隼雄との関係を通して生成されたものである。ここでは、その「関係」を語りながら、河合隼雄という臨床家を描出させてみたい。ただしそれは、「わたしにとっての」という前提つきである。およそ臨床家を語ることは、「関係」を通してのみ可能なことであるとわたしは思う。

これから、河合隼雄という臨床家のことをわたしの体験を通して語っていくが、誤解のないように付言しておくと「臨床家としての河合隼雄」を語るのではない。わたしは、「臨床家としての」という枠組みから河合隼雄について語ることはしない。「臨床家としての」といった枠組みのなかに河合隼雄を入れ込んでしまうのではなく、わたしにとっては河合隼雄という一個の存在それ自体が、わたしの知る河合隼雄の在りようそれ自体が「臨床家」だからである。そういう位置からわたしは語ってみたい。そして、河合隼雄という臨床家をできるかぎり生々しく語ろうとすれば、それはかなりの程度わたし自身を開示することにもなる。そのことに自覚的に筆を進めていきたい。なお、以降に「先生」と表現されているのは、すべて河合隼雄のことである。

邂逅

わたしは、科学者を志して京都大学工学部に入学したのだが、入学してほどなく、科学的な思考法に馴染めない自分自身に気づき、不全感を抱えながら日々を過ごしていた。その不全感は、わたし自身の人生という物語の羅針盤を、意識を超えた次元で動かすほどの強さをもっていた。結局のところ、わたしは自分の人生の方向性を見失っていたのだ。授業にもほとんど出席せずに茫漠とした日々を送っていたわたしは、ただ友人に誘われるままに、一九七九年四月、工学部から教育学部に転じ三回生となった。いまになって思うことだが、このとき、わたしは新興宗教の誘いを受けてもまったく不思議ではなかった。ただ、科学者を志したわたしの意識の深層に人間への関心があったということが、わたしのその後に大きく影響したように思える。当時そのことはまだ意識化されてはいなかったけれども。

教育学部に変わっても、わたし自身に何の変化もなかった。河合隼雄に出会うまでは。四月、わたしは「臨床心理学概論」と題した学部二回生以上を対象とした講義に出席した。興味があったわけではなく、ただ何気なく。その初回、臨床家なら誰でも知っている「臨床」の原義が先生から語られた。「死に逝く人の傍らに臨んでそのたましいのお世話をする」。不思議な語りだった。すぐさま、看取ることのできなかった祖母を想った。そして、回想が始まる。現在《いま》という「ここ」に生きながら「過去」を想う。ほんとうに不思議な体験だった。

「河合隼雄」の名前すら知らなかったわたしにとって、そのときの体験は臨床という遥か長い道程へのイニシエーションに近いものだった。どうして「臨床心理学概論」などという講義に出たのだろう。わたしはコンステレーション(布置)を強く感じる。大学入学時から抱えていた不全感は、実は、さまざまなことがコンステレート(布置)されてわたしの人生の羅針盤が動かされる、その流れのなかに体験されていた感覚だったように思われる。その動きは河合隼雄という臨床家との邂逅によって方向を定めた。

あのときの講義はいまもあざやかに目に映るのだが、体験した感じをうまく語れないのがもどかしい。「臨床」を語るときの先生のその感じは、知識を伝えるといったものではなく、その語りに存在を賭けているとでも言えるものだった。一個の存在がこの世に揺るぎなく立っているとでも言えるものだった。そのような人間にわたしはこれまで出会ったことがなかった。圧倒的に強靭な個性との出会いだった。わたしの羅針盤は「臨床」へと大きく方向を変えて激しく動き始めた。

河合隼雄の事例を聴く

それから三年後、大学院に進学し修士課程の一年次が終わろうという一九八二年二月、先生の事例をはじめて聴く機会があった。そのときのレジュメがいま目の前にある。青焼きの時代なので手書きである。丁寧に読み返してみると、河合隼雄という臨床家の姿がレジュメから浮かび上がってくる。それは、ひとりの生命《いのち》ある存在としてのクライエントとの関係を徹底的に生き抜こうとする姿である。レジュメのなかの河合隼雄は、およそ臨床家というのはこのように在るのだと語っている。心理療法の過程をクライエントとともにする強い意思、クライエントへの深い共感と人生へのコミットメント、クライエントおよび家族への行き届いた配慮、そして少し離れたところから事例全体を冷静に見つめるまなざし。それらからは、先生が心理療法という物語を生きる覚悟を感じることができる。それとともに、河合隼雄という臨床家の圧倒的な安定感をも感じさせる。さながら、事例全体がひとつの変容のための器として機能している様相を見て取ることができる。教科書などからはとうてい学ぶことのできない地平である。

もっとも、当時のわたしは参加者のなかではもっとも経験の浅い、まさに門前の小僧としてその場にいたわけで、上述のようなことはまったくわからなかった。いま読み返しても、たしかに理解することのむずかしい事例であると思う。とくに、心理療法の目的は主訴・問題行動の解消もしくは解決にあると杓子定規に考えている臨床家にとってはそうであろう。その事例が教えるのは、主訴や問題行動の解決方法などではなく、河合隼雄という臨床家とクライエントとの関係がいかにして築かれていくのかという心理療法の過程であり、築かれた関係を生きることがいかに重い責任を担うものであるのかという臨床家の覚悟すなわち関係を生きる責任の重さであり、さらには一個の人間が人生の物語を生きることの苦悩や人間が生きる意味の深層にふれる河合隼雄という臨床家の在りようなのである。

「一泊臨床研究会」という京都大学臨床心理学教室の出身者と大学院生が一堂に会して行われる事例検討会で河合隼雄が事例を発表したのはその年だけだった。当時のわたしには事例を「理解する」ことはできなかった。けれども、事例を「体験する」ことはできたと思える。当時は、アメリカで開発された精神疾患の診断分類であるＤＳＭ‐Ⅲが話題になった頃でもあり、クライエントの診断を巡って多少の議論が交わされたことが、わたしのメモに残っている。先生はそうした議論に明快に対応されていた。それは、事例全体を冷静に見つめる先生のポジションであった。だが、いまのわたしには、そうしたことを遥かに超えた「臨床力」とでも言える在りようを河合隼雄の事例は教えていたと思えるのである。それは、先に述べたように、クライエントとの関係を徹底的に生き抜こうとする力である。

事例発表の前、会場の和室の隅で先生は横になって眠っていた。先輩から事例発表を録音することの諾否を尋ねる役割を与えられていたわたしは、その姿を眺めながら尋ねることがひどくためらわれた。先生がエネルギーの充電をしているようにも思えたし、何よりその質問自体が事例発表への尊厳をひどく傷つける行為に思えたからである。保存しておくための録音がなぜ必要なのかわからなかったし、そのような行為が個人の尊厳を傷つけるように感じられたのである。しかし、役割上、仕方なくわたしは尋ねることにした。すると先生は、眠そうな目を開けて幾分突き放すようにこう応えたのである。「あんな、そんなんして、なんか意味でもあるの、ないでしょ」。そしてふたたび目が閉じられた。わたしは、その応えをもらってとても嬉しかった。もし、先生が大学院生の教育のためなどと言って録音を許可していたら、それは教育者の姿と言えるかも知れないけれども、少なくとも臨床家の姿ではないと思う。当時も感じてはいたが、いまになってことばにしてみると、事例発表というのは、そのときのその場での時空間を生きることを通して参加者個々に「何か」が生成されることに意味があるのであり、中村雄二郎が言うように、それこそが「臨床の知」なのである。(1) そのことを先生の応えは教えてくれていた。

発表は、多くの先輩臨床家が先生の事例発表に寄せる期待や想いが充満していて、ほんとうに緊迫感のある場となった。事例の語り自体がそうした場の生成に与っていたことは言うまでもない。そして、事例報告の最後、先生は声を上げて泣いた。泣きながら声を振り絞って「これで終わりです」と発表を閉じた。それからもしばらく泣いていた。会場には張り詰めた雰囲気が満ちた。その当時、わたしは、どうしてこの在りようを感じ取ることができなかったのだろう。どうして河合隼雄という臨床家の事例発表を存在全体で引き受けることができなかったのだろう。恥じ入るばかりである。先生はどうして泣くのだろう、何が起こったのだろう。わたしにはわからなかったのだ。ただわたしに漠然とではあるが感じられたのは、このときが、臨床家になるために、真の意味での人間理解に向かうために、何ものにも代えがたい貴重な体験であるということだけだった。

ほどなく、質問によってときは破られ、先生は冷静な応対に終始していった。心理療法の本質の「何か」にわたしはふれたと思う。けれども当時、それが何かを語ることはできなかった。わたしにそれができるようになるのは、後になって河合隼雄が物語論を展開するようになってからである。そして一九九八年、わたしはそれを一書にまとめた。(2) 拙著には、クライエントの人生という物語にコミットするというわたしの臨床観が通底しているが、その姿勢はこのときすでに、先生によって臨床家の本質的な在りようとして事例を通して語られていたのだった。わたしは思うのだが、事例のクライエントは、河合隼雄という臨床家の存在を忘れることなく、その存在と対話しながら自身の人生を歩んでいったのではないだろうか。

教育分析のはじまり

その後、博士後期課程に進学したわたしは、臨床に明け暮れる毎日を過ごしていた。先生は大学院生に具体的に何かを指導するということはほとんどなく、大学院生がそれぞれの個性でもって臨床に取り組む在りようを見守る存在であった。「それぞれの個性でもって」などと表現すると自由勝手にやっていたように聞こえるかも知れないが、それは実際には非常に厳しいものであったことを強調しておかねばならない。心理療法というクライエントの人生にコミットする実践は、個々の大学院生の責任に任されていたからである。その責任を自覚してクライエントに会うにはそうとうな覚悟が必要である。

それは、真の意味での臨床家の姿勢が鍛えられていく在りようとも言える。そうした雰囲気が当時の京都大学にはあった。

この雰囲気のなかで日々を送っていたあるとき、わたしに大きな内的転機が訪れたのである。それは、わたしにとって、どんなことをしてでも探求しなければならないテーマの到来であった。もし、そのテーマに取り組む力がないのならばわたしは臨床を辞めなければならない。そう覚悟しなければ先に進めない、そんな事態がやってきたのだった。

きっかけとなったのは、一九八三年五月にある夢を見たことからである。それから、夢の記録が始まった。夢を見て、そして記録する。そうした日常を過ごすことになった。連日連夜、夢は溢れるようにやってきた。夢の記録に数時間を費やすこともしばしばだった。自分はどうしてしまったのだろう、なぜこんなことになったのか、などという自問はその当時まったくなかった。その作業は、わたしにとって最優先で不可避のことだったのである。

このような状況が続けば、現実的にもそうとうな変化が訪れる。わたしの場合それは、心理療法でクライエントに会う以外の公的な場に一切姿を見せないという形で現れた。軽い拒食症に陥り、三カ月で一五キロあまり体重が減少した。わたしの様相はあきらかに変わった。しかし、たとえば廊下で先生に出会っても、先生がわたしに話しかけることはまったくなかった。この感じをわかっていただけるかどうか心許ないが、それはわたしにとってほんとうにありがたいことだったのである。数カ月後、夢との格闘は相変わらず続いていたが、症状的には少し軽快し始めたあるとき、わたしは久しぶりに大学院生の集まりの場に出た。そこでは、くじで席を決めるのだが、わたしは先生の向かいの席になってしまった。不思議な布置を感じた。そのとき先生は、「皆藤君、味は戻りましたか」と尋ねてきた。わたしはほんとうに嬉しかった。もっとも必要とするときにこれ以上ない的確なコミットメントがやってくる。河合隼雄という臨床家を肌身に感じたときであった。わたしは、「まだ、もう少しです」と応えた。「そう、それはしんどいね。味が戻らんと……」と先生はわたしを見て言われた。このときの先生の表情は、わたしのこころの痛みの傍らに優しく居るという感じであった。わたしは河合隼雄のクライエントではないけれども、およそ臨床家の語りとはこのようなものを言うのだろうと思う。臨床家は、真にクライエントが必要とするときに、必要とすることばを語ることができなければならない。そのことを思い知らされたときだった。

さて、ある夢から始まったわたしの内的彷徨から四年後、語ることばが戻ってきたときに、わたしはこれからの人生の方向性を探究するために、夢を分析家と検討する教育分析の作業を必要としていることを先生に話しに行った。

「僕にはできひんよ」

「もちろん、それは知っています」

「あんたいくつや？」

「三〇歳になります」

「若いなあ。ちょっと若すぎるなあ」

「必要性と年齢は関係ないと思います」

それからわたしは、自分にとって教育分析が必要であるわけを語った。それをじっと聴いていた先生は、五人の日本人の名前を挙げて、相性もあるから会いに行って相手と相談して決めたらよいとわたしに告げた。このときの先生は、わたしの内部に深海艇のように潜行して暗闇に光を当ててくるような感じでありつつ、かつわたしとの一定の心理的距離を厳然と保っているといった感じであった。


このことと関連して、河合隼雄が自身のスイスでの体験を語っている文章があるので次に引用しておきたい。一九六二年のことである。

チューリッヒ市に着いた日にすぐ研究所に行ってみると、所長のリックリン博士(Dr. Riklin)と会うことができた。かつてユングと共に連想実験をしたリックリンの子息である。彼は、研究所の講義表を見せ、これらの講義はむしろ二義的で、アナリスト養成の根本は教育分析にあること、そしてアナリストとして進む道は個人によって非常に異なり、ある人は理論的に先行し、ある人は実際的なことに才能をまず発揮するかもしれぬ。だからここの教育はまったく個人中心主義で、どの講義をきかねばならぬとか、どの講義を先にとるべきだとかいうことはない。エスカレーターにのっているように人間は進歩しない。だから、あなたは好きな講義を自分で考えて好きなだけとりなさい、とのことであった。

(中略)

さて、リックリン博士は、教育分析を行なうアナリストは全部で九人であり、その人の表を今みせるから、何だったらその九人を個別訪問し、そのなかで自分にいちばん適したひとを自分で選び、そのアナリストと交渉して教育分析を始めなさい、と教育分析家の名前と住所を書いた表を渡してくれた。このような話をするときに、彼の与える感じをうまく伝えることができないのを私は残念に思う。それは、何か心の内部に話しかけるようで、非常に暖かくしかも力強い感じを与えるものだ。(3)

河合隼雄は、自身の臨床家としての基盤はすべてスイス留学で築かれたといろいろなところで話しているが、そのことがとてもよくわかる語りである。加えてわたしは、体験様式の継承性ということを感じる。引用の第二段落は、わたしが河合隼雄との間で体験したことを彷彿とさせるからである。

このようにして、最初の分析家との間で教育分析が始まった。当時はほんとうに命がけという具合だったので、とにかく必死に取り組んだのを覚えている。週一回五〇分の分析が一年一〇カ月経過したある回、最初の分析家はわたしに次のように語った。「これ以上は、わたしにはできません。これから先、あなたのテーマに取り組める分析家は日本でただひとり、河合隼雄先生しかいません。ですから河合先生のところに行きなさい」。わたしは、いまは就職したので違うけれども、かつては指導教官と大学院生という関係だったので引き受けてもらうことはできないと思うと話すと、「あなたが最初に見た夢*をもってとにかく河合先生のところに行ってみなさい。その夢を見せればかならず引き受けてくれます」。それは、予言のようなことばだった。

そうしてわたしは、先生の自宅を訪れ、分析家からこの夢をもって会いに行くように言われたことを伝えて、件の夢を渡した。二行程度のその夢をさっと見て机上に戻し、先生はじっとわたしを見つめる。その目はとても怖かった。たしかに何かを考えながらわたしを見つめている。圧倒的に力強いまなざしである。このときのわたしには、最初の分析家とは続けてやっていくことはできないことがわかっていたので、丸ごと河合隼雄にぶつかるしかなかった。いま思うと、そうは言っても甘さ・弱さがわたしにあった。しばらくの沈黙の後、先生は次のようにわたしに言った。「僕でよければ、引き受けましょう」。このことばはわたしをこころの底から勇気づけるものであった。同時にわたしは、これから始まる畏怖の存在、河合隼雄との教育分析の怖さと重さを実感していた。

＊　一九八三年五月に見た、大きな内的転機となった夢のこと。

河合隼雄との教育分析

しばらくの準備期間の後、一九八九年四月から先生との教育分析が始まった。最初の出会いから一〇年後、このようなことになるとは夢にも思わなかった。分析は基本的に週一回五〇分。間に小さなテーブルを挟んだ対面式で行われた。一九九五年八月に一応の終結を迎えることになるが、一九九八年一〇月に再開され、一九九九年の一〇月まで続いた。その後もおりにふれて続けられており、完全な終結を見たわけではない。教育分析の跡づけが必要とお互いに感じていたころ、先生がこの世を去った。

教育分析期間中、一九九三年五月から七月にかけて、河合隼雄の最初の分析家であるシュピーゲルマン博士(J. M. Spiegelman)との間で週二回の短期集中の夢分析も受けることになるが、全体として見ると、わたしはおよそ一〇年あまりもの間、河合隼雄との教育分析のなかで内的作業を続けたことになる。この、一〇年という期間が長いのかどうかはわたしにはわからない。ユング派分析家の資格取得のためであれば三年程度になるであろうか。わたしは資格取得のために教育分析を受けたわけではないので、自分自身の内的テーマに対峙していくだけの臨床力を鍛えるにはこれくらいの年数は必要だったと感じている。

さて、教育分析の実際である。分析室に入って、わたしは持参した夢を読む。先生はじっと聴いている。わたしが読み終わると、腕組みをしたり、ときに頭をかいたり手で顔をおおったり、足を組んだりしながら、何かを考えている。そういうときは虚空を見つめるような感じで、そしてたいていは何も語らない。沈黙の時間が過ぎていく。わたしから尋ねたいことを話してみる。そんなときはときどき視線がまっすぐにわたしに向けられることがある。向こうからもひとつふたつ問いかけがある。だいたいはそんな具合で時間終了となる。このような分析体験から思うのは、河合隼雄がふたりの関係とは次元の異なる、あるいはふたりの関係を超えた世界をひたすら感得しようとし、その動きを見逃さないようにしている感じである。こうした場や臨床家の姿勢は操作的に作り出せるものではない。人間を変えるのではなく、人間が変わっていくことにコミットする途方もなさを生き抜いた経験が醸し出すものに他ならない。「人間が変わるということは、死ぬほどの体験を経てはじめて起こる」という語りは分析のなかでもしばしば語られた。

さて、長い分析期間には実に多くのことが起こった。なかでもシュピーゲルマン博士に教育分析を受けたことは意義深いことだった。河合隼雄との教育分析が始まって四年あまりが経ったとき、ふたりの間には越えねばならない壁が明瞭に意識されていた。それは先述したが、わたしの甘さ・弱さと繫がっていた。かつて指導教官と大学院生という関係を色濃く生きたこともあったとは思うが、河合隼雄の父性と向き合い対決することがわたしには容易ではなかったのである。するとそんなあるとき、当時勤務していた大学が三カ月間の短期在外研究を勧めてくれたのである。先生は迷うことなく、シュピーゲルマン博士のところに行くようにとわたしに言った。この、博士との教育分析を通してわたしは、河合隼雄の父性と向き合い対決する臨床力を鍛えることができた。

河合隼雄という臨床家を丁寧に語ってみると、すでに紙幅は尽きていた。語りたいことはまだ無限にある。それほど、わたしにとっては河合隼雄という存在は大きい。先生と共にした最後の仕事は、二〇〇五年五月一二日、日本糖尿病学会における「糖尿病診療における臨床心理の役割と実際——臨床の知の場」と題したシンポジウムであった。河合隼雄という臨床家と出会って二六年後のことであった。先生は、そのときでもなお、冒頭に述べた厳しさを体現した存在だった。その厳しさこそが、わたしにとっては畏怖であり魅力的な河合隼雄という臨床家像なのである。

［文献］
（1）中村雄二郎『臨床の知とは何か』岩波新書、一九九二。
（2）皆藤章『生きる心理療法と教育——臨床教育学の視座から』誠信書房、一九九八。

（3）　河合隼雄『ユング心理学入門』培風館、一九六七、三〇二―三〇三頁。

皆藤　章（かいとう　あきら）
一九五七年生まれ。京都大学大学院教育学研究科博士後期課程学修認定退学。博士（文学）。臨床心理士。京都大学名誉教授。著書に『風景構成法――その基礎と実践』（誠信書房）、『生きる心理療法と教育――臨床教育学の視座から』（誠信書房）、『体験の語りを巡って』（誠信書房）、『心理臨床家のあなたへ――ケアをするということ』（福村出版）など。

スーパーヴィジョンの体験から

角野善宏

河合隼雄先生との出会いは、私が大学の五年生のとき(一九八四年)先生の研究室にかけた電話がきっかけだった。当時、私は大学でユング心理学に興味を持つ学生たちと勉強会を開いていた。その勉強会に顧問として、河合隼雄先生に教育分析(サイコセラピストとして、訓練のために受ける分析)とスーパーヴィジョン(実践中の心理療法への指導)を受けていた小野従道先生(小野先生は、二〇〇一年に旧滋賀県立精神保健総合センター院長の在任中、私たちに悲しみを残しまた惜しまれつつ結腸癌で亡くなられた)に来てもらっていた。小野先生は精神科医で、ユング研究所の留学を終え、ちょうど大学の医局に戻っていた。小野先生との勉強会が、私にとって非常に興味深く毎回ユング心理学に目覚める機会を与えてくれた。その勉強会の中で、ときどき小野先生の口から河合先生の事が語られていた。当時、進路に悩んでいた私は、思い切って河合先生から話を聞いてみたくなった。幸い、小野先生は河合先生にその私的な勉強会について話していたので、電話ではあったがとんとんと話が進み、自宅までお伺いできるようになった。そのときの直接の出会いが、私の今までの進路を決定することになった。

　今思うと、いきなり電話をして直接お会いしたいと頼むことは、途轍もなく厚かましい行為であったと思う。またそのとき、私が精神科の臨床実習(学部五、六年生のときに病院で実際に患者さんたちと関わりながら行われる臨床教育)で統合失調症から回復した青年の担当になり、統合失調症に関する考えがまったく変わった経験をしたところだった。二週間病棟で何となくその青年と共に行動をして、ときどきいっしょに外出してたわいもない話をしてボーッと彼と時間を過ごしたのだったが、私の中の何かが確実に動いた。カルテ上には発症時の激しい症状が書かれていたが、そのときの彼は精神を病んでいるというよりもっと何か心に大切なものを秘めていた。安定して一見穏やかであったが、何か(人生を変えた経験)を経た者が持つ威厳と畏れを秘めていたのである。そのような話も、河合先生にした。その時に、先生は、当時神戸大学医学部精神神経科教授であった中井久夫先生のことを教えてくれたのである。大学に戻りすぐ中井先生の著作集を読んで驚いた。私が、統合失調症に関して直に感じていたが言葉にはとてもできない領域までも、中井先生は言葉で詳《つまびらか》にされていたのである。しかも、風景構成法という視覚に強く訴える方法(中井先生が考え出した描画療法の一種で、一つの風景を彩色とともに描いてもらい、その風景画から描き手の内面にアプローチする心理的技法)を合わせ持ってである。本当に実践的で治療的な内容であった。それで、具体的な進路も決定した。

教育分析の体験から

河合先生とのスーパーヴィジョンの体験を語る前に、最初に受けた教育分析について語る必要があると思う。分析の初日に言われたことがある。それは、「ユング心理学であれ、分析であれ、この面接の目的は、心理療法の一つとして臨床に役立てるために行うこと。ユング心理学も、心理療法の一つの手段として生かすことが大切や」との言葉であった。このことに、私は多少驚いた記憶がある。しかし、その言葉によって「ユング心理学の信奉者になるなかれ、臨床の実践家になることがもっとも大切である」ということを、河合先生は強調したかったのだと思う。このように自分からきっぱり言うことは、今思うと先生にしては非常に珍しいことであった。以後のセッション(面接)で自分から強調して敢えてこのようなことを言うことは、ほとんど無かったからである。当時、河合先生は私の中でユング心理学がもつ副作用により心理療法が損なわれて、私の実質的治癒能力が奪われてしまう危惧を感じていたのかもしれない。後に、チューリッヒのユング研究所に留学したとき分析をお願いしたアドルフ・グッゲンビュール(Adolf Guggenbuhl-Craig)先生も、「君がここで学んで本当に統合失調症の治療に役立てられることはないだろう。ここは日本人として持つ君のよき治癒能力を無くしてしまうかもしれない。いますぐ日本に帰った方がいい」と言われた。このようなことを二度も言われた私に問題があったことは明らかであるが、実力のあるユング派分析家二人が同じ内容の話をしたということは、私だけに限ったことではない、ある意味ユング心理学を学ぶ者たちにとっても普遍的な問題だからであると思う。ユング心理学の持つ危なさを、この二人はよく理解していた。私は、河合先生にもグッゲンビュール先生にも治療者として育つために守ってもらっていたと思う。ただそれでも、ユング心理学には不思議と人間の内に潜む治癒能力を活性化するところがある。そこが魅力であるが、反面毛嫌いされたり、誤解されたりする危うさもあることは確かである。

河合先生は、「教育分析といえど、困っているケースや聴いてもらいたいケースがあれば、相談ないしスーパーヴィジョンとしてもこのセッションを生かしてくれていいですよ」と言われていた。実際は、教育分析中にケースについてスーパーヴィジョンを受けたことは極まれにしかなかったが、精神病院で統合失調症の患者たちとの治療に苦しむ日々と並行して教育分析が行われていた。あたかも私の中の統合失調症患者が、先生により分析治療を受けていて、同時にその分析治療過程について私の中の治療者が先生にスーパーヴィジョンを受けているようであった。この分析は、一週間に一回の割合であったが、数年間ほぼ休み無く、集中的に行われた。精神科医として本格的に働き始めた時期に開始したが、今思うと本当にきつかった。精神的に身体的に様々な症状に悩まされて、夢で何度も自分の中の統合失調症患者や破壊的・破局的結末のストーリー(内的現実)に徹底的にやられていて、途中あまりに苦しいので、分析の中断を相談したこともあった。そのとき、先生は暖かくあっさりと「それもええやろう」と言われた。そして「また、再度始めればいい」と言われた。しかし、それは私にはあり得なかった。分析は本来しんどいものであるし、まして河合先生との分析において私の無意識が黙っている訳がない。それが、とことんまで自我に突き上げてくるのは当然である。このことに音をあげていては、どうにもならないと思った。決して私に暖かく対応されたのではなく、厳しく分析の意味を問い直されたように感じた。河合先生は、本来厳しい人であると思う。苦しんでいるときに下手に手を出さないし、冷淡であるとすら感じることがあった。しかし、こちらが腰を据えて向かえば、必ず受け入れてくれた。覚悟の位相が違うことに気づかなければ、河合先生との分析も続かず実質的な訓練は成就しなかったであろう。何とか首の皮一枚で河合先生に手が届き、繋がりが切れなかったことは、幸いであった。小野先生も、「どんなしんどいときでも、河合先生との分析は這ってでも行った」と言われていた。

しかし、毎回セッションの初め顔を合わせた瞬間に満面の笑みを見せられるのは、どう表現したらよいのかわからないくらい魅力的であった。この笑顔を真似て、自分のものにすることは、とても難しいのである。河合先生を直接知っている人にとっては、当たり前のことであろうが、先生の本来持つ底知れない包容力・受容力が、もっとも端的に自然に表出される瞬間であった。だからこそ、同じレベルで厳しさや冷たさを秘めていたのは、至極当然であった。と言っても、やはりこの笑顔がどれだけ私のエネルギーになり、分析の支えになったか計り知れない。河合先生の本来のこころの姿でもあった。また、あるセッションで私に「角野さんは、今と変わらず誠実であること。狡《ずる》をしたらあかんで」と言われた。この言葉がもっとも重みがあり、私のこころに最後まで残るだろう。

スーパーヴィジョンの体験から

河合先生の姿勢

河合先生との分析修了後、すぐチューリッヒのユング研究所へ留学した。そこでのグッゲンビュール先生の分析や研究所での訓練はとても有意義であったが、困難な事例における臨床能力の向上については私にとって満足するものではなかった。帰国後、まだ充分に臨床能力は付いていなかったのである。留学前に勤めていた精神病院に再び就職し、同時に個人のオフィスで分析治療も始め、臨床三昧の生活になった。自明のことであるが、ユング研究所で学んだからといって、誰もが必ず臨床能力が付いているとは限らない。私にとって、ここからが心理療法において勝負であると思った。それで、一度河合先生にケースを聴いてもらう機会があったので、あるケースを出してみたのである。先生のコメントは、「言語的やり取りがうまくクライエント(来談者)に響いていないなあ、意識的な関わりに終始して、内的な関わりに入っていないわ」というものであった。そして、「夢をまったく生かせていない。また、ポイントになる時期になぜ夢を聞かないのか」と、事実上駄目出しを出されたのである。私の危惧が的中した。ユング派分析家の資格を取ったからといって決して油断やおごりはないと思ったが、そんなことではなく、心理療法において無意識との繋がりを失いかけていた私の在り方を、河合先生は鋭く見抜いたのである。

その後、スーパーヴィジョンを受けながら、必死で臨床を続けた。色々な病態水準(たとえば、精神病圏、神経症圏、人格障害圏などの精神疾患)の患者たちや様々な苦悩をかかえたクライエントたちのケースを、先生に持ち込んでスーパーヴィジョンを受けた。教育分析では自分というケースを持って行き、スーパーヴィジョンでは様々なケースを持ち込み、自分という治療者を鍛えてもらった。河合先生は、分析のときもスーパーヴィジョンのときもほぼ同じスタイルで聴く。目をつむり、やや上向きに顔を据えて、ときどきうなずく。眼鏡をよく拭くこともあれば、黒い棒のようなものを握ったり擦ったりする。多動的に身体をよく動かしたかと思えば、まったく動かずじっとしたままになる。

あらぬ方向を観て、関心がないようで、突然質問してきたり、目を大きく開け、じっとこちらを観ている。何とも不思議であった。ただ、セッション中に目が合うことはほとんど無く、極まれに目が合うと先生の目があまりに鋭く、威圧感があるので、どちらともなく、お互いがスーッと逸らすように感じた。セッション初めの笑顔の目とあまりに違うので、別人のように感じることがあった。そのような雰囲気の中で、分析にしろスーパーヴィジョンにしろ、ほとんど先生から話されることがなかったと記憶する。まず、解釈せず、解説せず、じっと聴くだけであった。だから、ほとんど私が話しているという感じで、セッションを終えていたように記憶する。ただ、自分がケースにおいて考えていることを先生に述べているときに、核心やポイントを突いているかどうかを、黙っている先生の姿から何らかの影響を受けて、自らよくわかることがあった。すなわち、私がケースを見抜いていないときにそのケースに関して自分の考えや解釈を述べても、自然と先生から跳ね返されているように感じたのである。一方、うまく行っているケースでは、同じように沈黙して聴いていても、肯きが多かったり、話がスッと先生に入って行っている感触があった。もちろん、先生が的確にどんどん自分の考えをこちらに伝えることもまれにあったが、私の記憶では沈黙して聴いている先生の姿の方が強烈であった。心理療法と同様に臨床家を育てるには言語的コミュニケーションが基本であるが、それだけでは不充分な所があり、ここぞというときには相手が徹底的に気づくのを待ち、こちらからは仕掛けないということが大切であることを教えてもらった気がする。しかし、この河合先生の姿勢は、私にとってまだ至難の業である。つねに、手出しをしてしまう。スーパーヴィジョンで至らないところに関して意見されるより、ただじっと聴かれているうちに自分で至らなさや拙さに気づく方が、ずっと自分に効いてくるのである。

もう一つ今気づくことがある。それは、分析のときにもスーパーヴィジョンのときにも必ず、現実面でのことを尋ねられた。分析のときは、最近の生活状況はどうか、何かこころの中で変化があったか、現実に何か変わったことがあったかなど、夢分析に関するところを終えたあとの分析時間の後半に必ず聞かれたのである。スーパーヴィジョンのときも、患者たちやクライエントたちの現実生活が改善しているかどうか、本人たちが生きることそのものについて楽になっているかどうかまたそのように実際話しているかどうかを、私に確認していた。夢の展開が改善していても、よい心理療法ができていると認められても、現実にその人たちが最終的に回復することや生活そのものが改善することを必ず問われた。いくらセッションがうまく行っているようでも、いくら夢の解釈が納得できるセッションであっても、結果的に患者たちやクライエントたちが現実に良くなっていなければ、その心理療法に関して納得していなかったし、評価しなかった。そのような河合先生の姿勢は、私の目には結果を重んじる厳しい現実主義者のように映った。回復という結果を出さなければ、心理療法は世に認められないとの強い思いを、河合先生は持っておられたように感じる。

事例に関して

統合失調症の事例に関しては、終始励ましてもらった。「一生の仕事の間で、一人だけでもいいから統合失調症が本当に回復すれば、それは心理療法において一つの大きな快挙である」と先生は言っていた。ここで河合先生が言った本当に回復するということが、重要である。薬物療法で寛解状態(再発する危険がほぼ遠ざかり、発病前の現実生活が可能になるほどの回復)に至ったということも大切であるが、ある人間にとって統合失調症が意味ある病いであったという経験ができるほどの心理療法は、そうできるものではない。しかし、統合失調症の心理療法においては、それが目標となるのである。とりわけ、風景構成法による統合失調症の事例では、心理療法においてその風景構成法の持つ力と意味を強く支持してもらった。そして、河合先生はこの分野での先駆者である中井先生の仕事を高く評価していた。こころの世界は直接見ることができなくて、またなかなか理解しがたいところがある。まして、こころを病み、症状に苦しんでいる人たちを充分に理解し、治療的関与を行うことは難しい。そのような状況で、箱庭療法と同様に目に直接はっきりと訴えて来る、そして少しでも治療の手がかりとなる描画、とりわけ風景構成法は貴重な治療的技法であることを熟知されていた。もちろん、統合失調症のこころを風景構成法だけで表現しきれるものではないことも理解されていたが、もしこころというものがあるのならば、それを表現できないわけがないとの考えも持っておられた。その考えに一歩でも近づくために、風景構成法による統合失調症の心理療法を評価していたのである。

別の事例で、暴力行為の激しい、こちらの身にときどき危険を感じさせるような患者との治療においても、的確な指摘をしていただいた。「暴力とは、そもそも関わりである」と言って、暴力の持つ本源的な意味を教えて下さった。しかし、その危険性は周知の通りで、充分な注意深さが必要である。ただ、暴力を恐れてしまう自分の中の不安や、その恐れに圧倒されないことが重要である。ここがなかなか克服できない。このときの恐怖に克つことの勇気をスーパーヴィジョンの中でどれだけ自覚させてもらったかが、一つ私の臨床能力が付いた瞬間でもあった。

分析初期のころ、ある事例について相談したことがあった。それはある神経科クリニックからの紹介による二〇歳代半ばの女性で、問題は悪霊が憑依して、その悪霊が本人の意思に関係なく突然の言動を繰り返し行うというものであった。その悪霊は男性のもので、名前もあり、面接中急に出現するのであった。現在ならば、解離症状(「意識が飛ぶ」ような一時的に記憶がない状態やある期間記憶が抜けている現象)として捉え、交代人格(解離により記憶が抜けている間にその人に出現した、本人とまったく別の名前や生き方を持ち、言動をする人格たち)が出ていると考えてみることもできるが、三〇年前ということもあったからかもしれないが、当時は憑依として診断していた。その治療がとても厄介で、紹介元のクリニックでは対応しきれず、精神病院に紹介してきたのであった。私はその患者を担当することになったが、とても難しくどう治療したらいいのかまったくわからなかった。薬はほとんど有効ではなかった。しかし、腰を据えてしっかりその患者と正面で治療的関わりをしなければならなくなった。それで、河合先生に相談したのである。まず、河合先生は徹底してその悪霊を内的現実として信じることであると言い、逃げずに正面から迎えるようにとアドバイスされた。悪霊が出てきてそれと話す時間がどんどん増えていった。その悪霊が真に求めていることが何であるのかを徹底的に話しあった。しばらくして、私はその悪霊の存在を素直にしっかりと受け止めることができるようになった。しかし、彼女の治療にともなって、こちらの受けるストレスが強くなり、とうとう私が胃潰瘍になってしまった。また、面接中にその悪霊と喧嘩となってしまい、「悔しかったら、俺に乗り移ってみろ!」と挑発して、私の眼をしばらく凝視していた彼女(悪霊の人格)に、その悪霊の声で「わしは男には乗り移らん!」と言われたりしていた。そして、そのころの緊張感が私の神経をかなり蝕んでいたように思う。このような状態のとき、河合先生は、私が決して逃げずに心理療法に専念できるようスーパーヴィジョンをしてくれた。ソフトにケースに聞き入ってくれたが、私がクライエントとの関わりから少しでもずれることを許さない厳しい訓練だったと記憶する。もしこの事例に関してスーパーヴィジョンを受けていなければ、最後まで心理療法を続けることはできなかったであろう。このときは、心底スーパーヴィジョンの有り難みと訓練の重要性を痛感した。

また、一〇年近くも心理療法が続いていたケースのスーパーヴィジョンでは、そのクライエントがもう現実に社会生活が送れるようになったにもかかわらず、まだセッションに来るので、私はその人との心理療法の意味がわからなくなった。そのとき、河合先生は、「この心理療法の本当の意味は、このクライエントが最もよくわかっているから、まだ来る必要があるんや。それに心理療法は本当に時間がかかるものなんやで」と私に話してくれた。私は二、三年前からもう大丈夫だからそろそろ終結だと思ってきたのだが、その人はまだ必要だからと言って面接に来続けていた。河合先生にそのように言われ続けて、しばらくして本当に終結の時がこのクライエントから告げられた。終結前の一年間に夢がさらに驚くほど変化して、内的な力が一気に付いたのである。最後の一年間に、これまで身に付いた総合力を見せてくれた。一〇年以上の心理療法であって、想像以上に時間が経過していたが、粘ったかいがあった。やはり、心理療法は本当に時間がかかるものである。

河合先生の信念

河合先生がもっとも大切にしたことは、心理療法であった。臨床実践であったのである。これがすべてと言ってもよいほど、重要視していた。もちろん研究も大切にされていたが、研究はあくまで臨床実践があってのことで、基本的に心理療法が中心となっていた。なぜならば、臨床心理学において心理療法が中心にならなければ、臨床心理学は自ずと衰退するであろうし、将来にわたって社会や人類に何の貢献もしないだろうことが、先生は充分にわかっていたのである。それだけに、先生の心理療法にかける信念は、強かったと言える。

本当に事例において困ったとき、進退窮まったときに、先生が言われていたことは、「もう最後の最後は、クライエントの治癒力を信じることや」であった。患者やクライエントを前にこちらができることをすべてやったのち、もうどうしようもないほど困ったとき、後はもう天や大地にお任せすることだと言っていた。それは無責任に言っているのではなく、ある限界を超えたときに初めて言えた言葉であったと思う。河合先生が一九七〇年代から一九八〇年代にかけて猛烈に心理療法を行っていたとき、如何ともし難いケースや本当に心理療法が難しいケースに、もうこれ以上できないほどの労力をかけていたそうである。そのころ、これ以上頑張れば本当に身体が持たないと思い、もう二進も三進もいかない限界に達し、そして自分が死んでしまうかもしれないと気づいたとき、自分自身の努力の限界を初めて知って、クライエントの治癒力を信じそれに任せる思いに達した。その瞬間、自分の気持ちがスーッと楽になったと語っていた。このことは、理屈ではなく、死に物狂いのところを超越した体験から来た心境だと思う。臨界点を超えたとき、崩れずに生還できた実体験であったと思う。河合先生が言っていたように、本当に危険なところを通り抜け、河合先生独自の心理療法の境地に達したのであろう。倒れられる六カ月ほど前にも、「自分が本当に困り、不安や恐怖がこころ一杯になったとき、大地とつながってそれらをアースしてもらっています。何せ、大地を信じていますから」と語っていた。このように何ものかを本当に信じることができるようになるまでには、相当な苦悩と努力を必要としたことであろう。それは、もう私の想像を絶する計り知れないことである。

「河合隼雄」への信念

河合先生が言っていたように心理療法とは最後の最後は、クライエントの治癒力を信じることであるならば、私にとって教育分析やスーパーヴィジョンにおいてまず最初の問題は、最後の最後まで「河合隼雄」を信じることができるかという問題に行き当たったということである。心理療法においてクライエントという他者を信じる前に、「河合隼雄」を信じることができるかが、まずもっとも大きな切実な問題であった。自分を信じることが大切であると言われるが、そんなことはどうでもよかった。まず何よりも「河合隼雄」を本当に信じることができるかの方がはるかに私にとって意味があった。冒頭で述べたように、私の進路は河合先生との出会いで決定された。今もその決定に従って進んでいる途上である。もし「河合隼雄」を信じることができなければ、今の私はまたはこれからの私はどうなるのであろうか？　しかし、そんな心配はない。たとえだまされていたとしても、河合先生がまったく私のことを誤解していたとしても、今はもうどうということはない。この決定や「河合隼雄」を信じることは、変わらないものへと変化したのである。河合先生が亡くなられてから、一層その思いが強くなった。畢竟、河合先生とは、そのような人物であった。河合先生は、私に「河合隼雄」を教えてくれた。

親鸞が言ったことを唯円が回想記述したと言われている『歎異抄』をたまたま読んでいて、第二条のところで気づいたのであるが、親鸞は「たとい、法然上人にすかされまいらせて、念仏して地獄におちたりとも、さらに後悔すべからずそうろう[1]」と述べている。もちろん、親鸞ほどの人物であればこその言葉であろうが、何かを信じるということは結局のところこのようなことを言うのではないか。私にとって、進む道に通じる自分の何かを信じるためには、どうしても「河合隼雄」が必要であったのである。そのことは、心理療法の中でクライエントの中から自然治癒力が引き出されるためには、彼女らや彼らが治療者やセラピストの存在を信じ切ることが必要であることと同じである。これらのことを、河合先生による分析とスーパーヴィジョンにより私は直に学び体験したのである。そして、夢をしっかり聞き込むことと、夢の中の展開を見抜き、その中で活動する大切な何か(たとえば、自己治癒力)を信じるということもである。

　ついでに、親鸞が述べている絶対他力という考えが、河合先生の言っていた「最後は、クライエントの治癒力を信じる。最後の最後はもう天や大地にお任せすることや」と、どこか通底しているように思われるのである。人を救済するということは、最後はもう人の仕事ではなくなるのかもしれない。個人の力には限界がある。しかし、絶対他力と違って、まず第一に最善の努力を尽くすということは、心理療法において決して譲れないところではある。さらに、親鸞は第六条で「専修念仏のともがらの、わが弟子ひとの弟子、という相論のそうろうらんこと、もってのほかの子細なり。親鸞は弟子一人ももたずそうろう[1]」と述べている。つまり、これは自分の弟子だ、人の弟子だと争うことの無意味さと親鸞には一人の弟子もいないという主張である。この考えも河合先生の生き方に通じていると思う。先生は非常にリベラルで、ユング派であろうが無かろうが何の関係もなかったし、日本における臨床心理士の地位と働きにもっとも力を尽くされた。心理療法がしっかりとまともに行われているのであるならば、心理療法がどのような学派であろうが、どのような技法であろうがいっこうに構わなかった。また、私的に束縛

された り束縛することを極端に嫌った。本当に心理療法を第一に大切に考えられていた。さらに、親鸞は「つくべき縁あればともない、はなるべき縁あれば、はなるることのあるをも、師をそむきて、ひとにつれて念仏すれば、往生すべからざるものなりなんどいうこと、不可説なり(1)」と述べて、私的または恣意的な師弟関係を徹底的に否定する。この考えも、河合先生の人との関わりに通じていて、心理療法の重要性を説き、私的な利益は追わなかった。そして、実にあっさりした関係を他者と保っていたように見えた。親鸞は生涯を信心という行為に費やした。河合先生は人生や仕事を通じて生涯を心理療法という行いに費やしたと思う。そして、心理療法には、最後に信じるという行為が大きく関わっているのである。どちらの人生も卓越した人物が送ったものとしての共通点があるように思う。

河合先生との個人的思い出

チューリッヒのユング研究所での訓練はとても有意義であり、家族全員異国の地で三年八カ月間、途中日本に帰国せずに滞在できたことは、貴重な体験であった。しかしその前に、河合先生が私に「ユング研究所に本当に留学したいのならば、必ずできる。色々な理由で留学できないと考えるのは、本当は留学したいという気持ちが本物でないからや」と言われたことがあった。この言葉は、私の留学への決意を不動のものにしてくれ、同時に自分自身の気持ちの大切さを知らせてくれた。留学途中、河合先生が、私の住んでいたアパートに来られて、同じ時期に留学していた武野俊弥先生の家族もいっしょに夕食を共にしたときがあった。それは、一九九〇年の秋であったが、河合先生は普段からよく食べ、よく飲み、そして食べるのがとても速いのであるが、早々に夕食を平らげていた。食事後、先生は部屋を走り回る子どもたちの後を追って遊びながら、四人の子どもたちを静かにソファーに座らせて、当時フルートを再度本格的に始められた頃であったこともあって、みんなの前でフルートを吹かれた。そのとき子どもたちに「フルートを吹きます。吹くなと言われても、今吹きます」と言って、子どもたちを笑わせて、日本の童謡を数曲演奏された。生演奏で迫力があったので子どもたちはじっと聞き入っていたが、河合先生の魔力と本当に子どもが好きであることが、よくわかった出来事であった。

また、倒れられる半年ほど前に「自分は脳梗塞で倒れて、そのことにより脳の機能が大変化を起こし、数学脳に変わるかもしれない。それで臨床心理学の世界から離れるかもしれないよ」と言ったことがあった。そのときは冗談かと思ったが、今思うと自分の脳梗塞を予言していたということよりも、臨床心理学を離れたところからもう一度見直してみたいと思っていたのではないかと感じられる。それとも、数学への思いが未だ残っていたのであろうか。ともあれ、河合先生を知っている人たちや著作を読まれた人たちのこころに、それぞれの「河合隼雄」が生きていることは確かである。

［文献］
（1）親鸞の引用は、『現代語　歎異抄　いま、親鸞に聞く』親鸞仏教センター訳・解説、朝日新聞出版、二〇〇八を参考にした。

角野善宏（かどの　よしひろ）
一九五九年生まれ。愛媛大学医学部卒業。博士（医学）。京都大学名誉教授。医療法人社団新川医院勤務。著書に『分裂病の心理療法――治療者の内なる体験の軌跡』（日本評論社）、『たましいの臨床学――夢・描画・体験』（岩波書店）、『描画療法から観たこころの世界――統合失調症の事例を中心に』（日本評論社）、『心理療法を実践する――ユング心理学の観点から』（日本評論社）など。

［河合隼雄という体験］

対談　河合さんというひと

谷川俊太郎×山田馨

「三人のワル仲間」

山田　谷川さんが河合さんと知り合ったのは、お二人が対談した『魂にメスはいらない――ユング心理学講義』(1)あたりからですか？

谷川　あのとき初めて河合さんとちゃんと話したんです。

山田　あの本は「心理学講義」という体裁をとっているけれど、臨床家の目と詩人の目とがうまくはたらき合って、いろいろな問題が深く問われましたね。

谷川　いま読み返してもけっこうおもしろいですよね。山田さんも初めは仕事で会ったんでしょう？

山田　ええ、ぼくは編集者でしたから(一九六八―二〇〇一年　岩波書店勤務)。教育講座の原稿依頼(2)で、一九七八年の一〇月に京都大学にうかがったのが初めてです。だから、谷川さんが対談で河合さんに会われたのとほぼ同時期ということになりますね。

谷川　それから大分たってからだと思うけど、ぼくも河合さんも、山田さんに誘われて、教育とか子ども文化の研究会みたいなのに参加するようになりましたよね。

山田　一九八九年から、授業をビデオで撮って批評しあう企画(3)に参加していただいたのが初めてですね。九三年からは、子どもが生きている現実みたいなものをさぐるシリーズ(4)の研究会にも入っていただきました。編集者としては、子どもや教育という問題を、従来よりは少し自由な視点からも見ていきたいと考えて、力をお借りしたんですね。お二人からは、斬新な問題提起がつづいて、お互いが刺激されているなという印象を受けていました。お二人の距離は近づいていったと思います。

谷川　そういう一緒に仕事をする関係が大分つづいて、だんだんと三人が遊び友達になっていったわけですよね。いつから仕事の関係が遊びの関係になったのかというところには、やっぱり興味があります。

山田　その時期は割とはっきりと特定できるんです。

ぼくが河合さんとぐっと親しくなったのは、九五年の暮れからなんですよ。河合さんの『物語とふしぎ』(5)という児童文学を論じた本を、どうしても翌年の春に出したいという社内事情があったんですね。それがもう一二月になってしまって、無理だろうという状況だったんです。で、暮れの二五日に最初の原稿をいただきに京都に行ったんですね。丸太町かなんかのおでん屋で原稿をいただいて、そこで食事をして、河合さん行きつけの祇園のバーで飲んだんですよ。そしたら、二人とも盛り上がってめちゃくちゃ楽しかったんですね。また二週間後にも飲もうという話になったんです。で、正月の四日に行ったら、河合さんは得意満面で五〇枚ほどの原稿を鞄から出されたわけですよ。それでまた、食事をして、飲みに行って、盛り上がって。それを四回つづけたら、三月にはほんとに本ができちゃったんですね。河合さんが、しんどい執筆を、上手に子どもの約束ゲームみたいに仕立て上げてくれて、本にしてくださったんですね。日常をユーモアの力で変えられる方なんだと思いました。そんなんで仲良くなったんです。

谷川　飲んで盛り上がるってところがぼくとちょっと違う。

山田　谷川さんの方は、九六年に離婚された後は、詩をあまり書かなくなっていたじゃないですか。暇をもてあますという感じで、ぼくが秩父で遊んでいるところへ始終顔を出してくれたんですよね。荒川縁に借りた小さなログハウスで、水道設備を作ってくれたり、尾根筋の木の上に作ったツリーハウスの板貼りをしてくれたりとか、いろいろと工作をしてくれたんだけど、すごい熱中ぶりでしたね。まるっきり子どもの顔になって遊んでました。ぼくは、ああ、いい遊び友達ができたなと思ったんですね。それからですよ、すっかり友達になったのは。

谷川　おかげで傷心を癒された(笑)。

山田　(笑)だから、九六年あたりからは、ぼくがジョイント役になって三人で会う機会がふえていましたね。九六年の二月には、さっきの『物語とふしぎ』の校了と谷川さんの朝日賞受賞を祝って、山の上ホテルで三人で飲んでいます。それから、九六年、九七年と、二回も谷川さんと京都に河合さんを訪ねています。このあたりは、もう全く仕事の匂いがない付き合いになっていました。

そしたら、河合さんが、谷川さんとぼくが秩父で子どもにもどってすごく面白いことをやっているのがずるいと、「わたしも連れてってください」って言い出したわけです。河合さんは、「三人のワル仲間」の少年二人に嫉妬したんですね(笑)。

谷川　ぼくと河合さんは、山田さんのおかげで親しくなれたんですよ。河合さんにとっても、ちょっと珍しい付き合いだったんじゃないかな。

山田　「三人のワル仲間」っていうのは、『子どもと悪』(6)の「あとがき」に、河合さんが、編集をしたぼくと裏表紙に詩をつけた谷川さんとの仲間意識を書いたんだけれど、その気持ちは自然に受け取れましたね。

谷川　そうでしたね。

山田　それで河合さんが秩父に来るというので、河合さんに河原でフルートを吹いてもらおうということになったんですね。で、ぼくは河原に手づくりの舞台をつくったんですよ。谷川さんはというと、音響機械を持ち込んだり、河合さんの音楽仲間でピアニストの河野美砂子さんも来るというんで、キーボードを持って行ったりとかね。要するに、詩を書かないと言っていたぶん、すごい頑張ってやってくれたわけでしょう?

谷川　頑張ったわけじゃなくて、そういうことがもともと好きなんですよ(笑)。詩を書かないことが一種のリハビリになっていた(笑)。

山田　確かにあの時の谷川さんて、完全に遊びモードに入ってましたね。それで河合さんがやって来て、焚き火をたいて、三〇人くらいの聴衆の前で、フルートを吹いたわけです。で、ぼくたちの五畳半のログに二泊もしたわけです。着いた日には、夜中の二時まで話し合いましたね。なにしろ川の波音と、真竹の風音しか聞こえないような自然そのまんまみたいな環境でしたからね。河野さんもふくめて、みんなが、自分がかかえている問題をあからさまに話してしまったという記憶がありました。で、河合さんからは、衝撃的なチベット仏教修行への思いが吐露されたわけですよ。だからこの夜に、ほんとに、仕事の関係から遊び友達の関係になったんだと思うんですよ、ぼくは。

谷川　それが九七年だよね。

山田　六月三〇日から七月一日にかけてです。

「三人のワル仲間」について

山田　馨

この対談で、谷川さんとぼくが話し合ったことの背景には、河合さんと三人でつくりあげた交遊の歴史がある。その経緯は、対談だけでは、わかりにくいかもしれない。補足説明をしておきたい。

ぼくは、河合さんと、一九七八年一〇月に、原稿依頼に訪れた京都大学で初めてお目にかかった。谷川さんとは、一九八七年八月に、ある国語教育の研究団体の夏期合宿で知り合った。三人で初めて仕事をする機会が訪れたのは、『シリーズ授業』という教育の企画である。この企画を生かすために、立案者である稲垣忠彦さんの信頼できる教育学の目と、ベテラン教師たちの実践の目に加えて、ぼくは、臨床の目と詩人の目が欲しいと思った。編集委員となった河合さんと谷川さんが加わった検討会での、議論の深まりと知的な興奮のたかまりは、今でも鮮やかに思い出される。

引きつづき、大人にはわかりにくくなっている子どもたちの心を探りあてようとしてはじまった研究会(『シリーズ　今ここに生きる子ども』)にも、お二人に参加していただいた。この二つの企画の討議は、一九八九年から九五年頃まで、二〇回を超えたのではないだろうか。一九七九年に対談して以来、尊敬の念を抱いて互いの仕事を見まもってきたお二人は、これらの討議を通していっそう理解を深めつつあると、編集者のぼくには感じられていた。なおつけ加えると、河合さんは、討議の刺激を受けて、急速に教育への関心を深めていかれた。その成果として、『子どもと学校』(岩波新書、一九九二年)と『臨床教育学』(岩波書店、一九九五年)という重要な二冊の教育書を書かれている。

九六年になって、お二人はさらに親交を深めることになるのだが、それには、ぼくの凡庸な性格が役立つことになった。人づきあいのうまくない谷川さんは、京都に河合さんを訪ねるのにぼくの同行が必要だった。河合さんは、谷川さんと会うとか、何かを依頼するとかいう段になると、まずぼくに電話して仲介を依頼した。海千山千と思っていた河合さんに、意外にシャイな一面を見つけてびっくりしたものである。つまりは、お二人は、直に顔を合わせるよりは、ぼくという平凡な人間を間にはさむ方がずっと気楽につきあえるらしいのだった。

戸隠の会については、本文にもある通り、以下のような経緯があった。当時、谷川さんは、九六年の七月に離婚して元気がなかった。ぼくはというと、週末になると仕事から逃げて、秩父の川と山で遊んでいた。そこへ、谷川さんが始終遊びに行っているらしいと聞きつけた河合さんは、仲間入りしようとして、無理やり二泊分の休暇をとって荒川の河川敷にやって来た。九七年の六月のことである。この時に、河合さんからチベット仏教の話が出たのだが、また戸隠でこういうたのしい交流の会がもちたい、ぜひ実現しようという話にもなったのである。

一九九八年を準備期間として、九九年からは、毎年戸隠で、「お話と朗読と音楽の夕べ」というイベントを開くようになった。ぼくたち三人は、河合さんの音楽仲間であるピアニストの河野美砂子さんを加えて、いそいそと準備して、いそいそと秋の戸隠に集まった。河合さんの奥さまも、その友人の藤井ヨリ子さんも毎年やって来た。ランプの主人も、その家族も、神主も、土産屋の主人も、そば屋やガソリンスタンドの奥さんも、キノコ名人も、調律師も、音響技師も、それから観客のリピーターたちも、毎年集まって運営を手伝い、会を楽しんだ。それは、谷川さんが指摘したように、ただ再会するための、そしてただその時を楽しむための、ナンセンスの会だったと思う。河合さんはそのナンセンスをなによりもよろこんでいた。会は、河合さんが倒れる二〇〇六年までつづいた。

チベット仏教と悪

谷川　そのときのぼくの日記を見ると、河合さんはとにかく「わかりまへんな」とよく言う人じゃない？　このまま「わかりまへんな」で通そうか、それともチベット仏教の修行をしようか悩んでいる、と言っているんですよね。

山田　これにはほんとにびっくりしたけど、話されている気持ちは本気だと思いました。

谷川　だったんでしょうね。それで三人で寝袋を並べて寝ているんだけれど、河合さんは寝つきがよくてすぐに寝ちゃったんですね。それでぼくは、いびきと寝言に相当悩まされたんですよ。寝言は何と言ったのかというと、"I'm sorry"って英語で言っているんです。何だか悪夢を見ているようだ、とぼくは日記に書いているんですけどね。朝になって聞いたら、「よう眠れた」ってけろりとしていて、前夜にしゃべったことは何も覚えていなかった(笑)。

山田　覚えていないということはなかったはずですよ(笑)。河合さんが亡くなってから、河合さんの信頼が特に厚かった心理学の方に聞いた話ですけどね。河合さんは、その夜酔っ払って出家しようかと思っていることをもらしてしまった、と言っていたそうです。

ぼくの日記には、「相談された」と書いてあります。このまま今の生活を引きずって行くべきか、思い切ってチベットで仏教の修行に入ってみるか。そういう迷いとして聞かされたように記憶しています。河合さんとしては、実現はむずかしいと考えていたかもしれないけれど、敬愛する谷川さんから背中を押してもらいたいくらいな気持ちはあったと思います。

谷川　「子どもと悪」を読んでいると、河合さんには「悪」あればこそ他人と共感できるし、他人を理解もできるということを、体得していると感じますね。この本にも書いてあるんだけれど、鶴見俊輔さんのことを、自分は悪人だというところから出発していると、何度もおっしゃってました。ぼく自身は、小さな悪はいろいろあるけれど、自分が基本的に悪人なのだという認識に立って、ことを考え始めるということはないんです。でも河合さんはたぶんどんなに小さな悪も悪に変わりはないと考えていたんじゃないでしょうか。

山田　ぼくも、人並みには悪という問題はかかえていましたけれども、突き詰めてということはとてもできませんでした。ぼくのような凡庸な人間には、深くは踏み込めない領域のように思います。結局は、たちのよくない小悪人くらいな認識しかもてていません。

谷川　鶴見さんも河合さんも、一見善に思えてしまうようなものの中にひそむ悪に敏感だったような気がします。ぼくらだって偽善には敏感だと思うんだけど、偽善ですらない微妙な悪もあると思うのね。河合さんの出家しようかという気持ちも、自分の中の「悪」とつながっている、というか自分にひそむ悪をもっと突き詰めたい気持ちがあったような気がするんです。個性が現れるところにはどこか「悪」の臭いがすると言っていたし、「善良なるものは創造しない」というシオランの言葉を名言だとも言ってましたよね。

あれほど人の役に立つ仕事をしていて、そのまま過ごしていけばいいはずでしょう。それを全部置いて修行に入ろうと思うのは、よほど強い動機がないと考えられませんよ。幸せな子ども時代を送って、順調に学問をしてきて、幸せな結婚をして家庭をつくった人が、どこに自分の「悪」を感じていたんだろうね。常識人としての河合さんは「悪」を否定的にとらえるけれど、心理療法家としての、つまり創造にかかわる仕事をする河合さんは「悪」をむしろ肯定的にとらえてますよね、悪の多義的な働きに河合さんは関心があったんだと思う。

山田　実は、この『子どもと悪』は編集者としては大分難航したんですね。本当は一年も前に本になっているはずだったんです。それが書けなかったのは、河合さんが「あとがき」でふれておられるけれど、「悪とはなにか」という根本問題になかなか満足な回答が出せないということだったんですね。それで、一年間、外国の文献も含めて、悪についての本を読みあさっておられましたね。で、結局は、河合さんが納得できるような論は見つからなかったんですね。

それが、どうして本になったかというと、今谷川さんがふれた鶴見さんのことを思い出したわけです。それから、谷川さんのことも思い出したわけです。悪というのは、一般には人として許せないこととされていながら、しかしそれがないと人間ではなくなるという難問題ですよね。それを、創造的な人間はみんな悪をかかえて生きてきたという事実に気づいて、悪を論じる入り口を見つけたんですね。『あなたが子どもだったころ』(7)で、河合さんは鶴見・谷川を含めて何人かの方々と対談していたんだけれど、その人たちの優れた仕事が、人からはいわゆる悪とみなされるような行為の中から生み出されたということに気づいて、一気に書けたんです。もともと「悪とはなにか」という哲学論には関心はなかったわけですからね。自分が臨床でかかえた問題と、そこから照らされるように自覚されてもいた自分の悪の問題とを、子どもが直面する問題として考え直してみようというのが主眼でしたからね。いろいろと子どもの悪が問題にされていた時期だったんです。

　だから、河合さんの場合、自分の悪の自覚とともに、臨床の場で絶えず現れる悪の問題もかかえていたと思うんですね。

谷川　それはそうでしょうね。しかし、出家というようなことを考えるときには、やっぱり自分の悪でしょうね。

山田　それはそうだとは思いますけど。

人情と非人情

山田　河合さんは、飲むと、いろんな話をしてくださったんですね。一つ強く印象に残ったのは、まわりにいた親しい方々の話なんです。いわゆる京都学派の人たちとか、広く知識人とか、心理学関係の人とか、大学の人たちとか、児童文学の人とか、仲良くしていた方々はものすごくいっぱいいたわけですね。で、ぼくが印象的に思ったのは、すごく親しいと思われる方でも、自分との間の距離をきちんととって話そうとされていましたね。人情家なんだけど、絶対にべたべたはしていないんです。一方ですごく冷静な目があると感じていましたね。

谷川　九六年二月に、三人で山の上ホテルで会ったじゃないですか。そのときに人情と非人情ということを言われているんですね。ぼくはそれがすごく印象に残っているんです。要するに人情はパーソナルなものだけど、非人情はインパーソナルだ、個人的なものじゃないという言い方なんです。ぼくは身近な人から、情がないと言われていた時期じゃないですか。だから、ぼくは人情と非人情という言い方に救われたような感じがした。現実生活の中の人と人との横のつながりを河合さんは人情と言うのだけれど、縦に深く行くのが非人情だという言い方なんですよ。宮沢賢治は非人情だというわけですね。そういう河合さんの考え方から見ても、河合さんが自分のことをセンチメンタルだと言ったとしても、それは普通のセンチメンタルとは違うだろうと思うんです。

山田　違いますね。ぼくは、河合さんはセンチメンタルなのに、一方の非人情の視線が徹底しているから、普通とはすごく違うものとしてはたらいていたと思っているんですね。ぼくがその時に山の上ホテルで聞いたことで忘れられないのは、河合さんが、自分はセンチメンタルだから臨床の場とかで、そういうところに注意している、とおっしゃったことの方なんですね。おやって思ったんです。

九七年に三人で秩父に行ったときに、次は戸隠で講演会とか詩の朗読の会をしようという約束ができましたよね。で、九九年に実現したその第一回目の会で、河合さんは泣いちゃいました。講演の途中で、嗚咽をこらえてことばが出なくなりましたよね。満場がものすごく緊張してしまって、司会役のぼくは頭が真っ白になってしまいました。

谷川　『思い出のマーニー』[8]という児童文学のことを話していたときですね。

山田　心に傷を負っている主人公の孤児アンナを引き取った老夫婦が、言ったこと。つまり、丸ごと愛して何もしないでそこにいる、ということ。それがいかに難しいかという話をしていたんです。

谷川　本当は、河合さんみたいな立場の人は何かをしなければいけないじゃないですか。でも、それよりも丸ごと愛して何もしないことのほうが上だと考えているところが、河合さんらしいですよね。クライエント(来談者)を受けとめることの大切さを語っているときでした。

山田　で、会が終わって、河合さんは泣いたことについては一言も言われなかったんですね。そうしたら谷川さんが、河合さんはそれまでに接してきたクライエントの人たちのことを思い出して胸がいっぱいになったのだろうと解説してくれたんですよ。ぼくはその解説にすごく納得しました。谷川さんは、その経緯を本にも書かれています。

谷川　ええ。エッセイ集『ひとり暮らし』(9)にその時の日記を載せています。

山田　ところがずっと後になって、河合さんが、あの時は申し訳なかった、つい山田さんのオープニングの挨拶を思い出して、泣いてしまったと言い出されたんですよ。ぼくは、それこそ仰天したわけです。

戸隠では、ぼくがずっと家族ぐるみでつき合ってきた三〇年来の友人が、ランプという喫茶店をやっていたんですね。それがちょっと経営の見通しが厳しくなって、ぼくに相談してきたんです。で、谷川さんに相談したら一緒に戸隠に来てくれて、店の改装とか、蕎麦クレープのメニューまで考えてくれたんですね。そこへ親しい戸隠の友人たちも集まってきてくれて、谷川さんにCEOになってもらって、「ランプを支える会」というヘンテコな組織を作ったわけです。で、その支える会の第一回目のイベントに河合さんを招いたわけですね。まあ、谷川さんも登場する絵に描いたような人情美談なんですよ。そんな会の趣旨説明を思い出して泣いちゃったというんで、やっぱり河合さんて、ものすごいセンチメンタルなんだと思いました。こんないい人はいないと思いましたね。

谷川　『泣き虫ハァちゃん』(10)なんかを読むと、子どものころから泣き虫だったみたいだし、それはあるとは思いますけどね。

山田　だって、こんなに情が濃いのに、臨床の場ではセンチメンタルではありませんからね。むしろ、非人情に徹しようとされていたと思います。自分の情をきちんとコントロールしながら相手に向かい合っておられました。でも、封印しようとしていたセンチメンタルな部分だって、臨床の現場では、絶対にうまくはたらいていたと思うんですよ。河合さんのすごい人情家の心は、とびきりの非人情の目と、見事なバランスをとっていたと思うんです。

谷川　河合さんが、センチメンタルだけど非人情というのはよくわかりますね。クライエントに下手に同情なんかしちゃったら大変だけど、感情をシンクロナイズドしなければクライエントの中に入っていけないし、道も見つからないわけでしょう。そこのところの限度とか、バランス感覚はすごく持っていた人だったと思いますね。

臨床とことば

谷川　河合さんのことを考えるときに、二元論みたいなものを想定すると、わりと河合像が結びやすいところがあるんですね。その中の一つは、もちろん詩と物語なんだけど、もう一つはちょっと前に言った人情と非人情というものですね。学問は言語でやるしかないわけだから、河合さんは、英語、ドイツ語、日本語で学問をしてきたし、本もいっぱい書いていますね。ある意味ではことばというものにすごく頼ってきた人だけれども、学者ではないと思うんですよ。

山田　いわゆる学者ではないと思います。自分の体験したことを要約したり、それを体系にしてまとめたりということをしようとしませんでしたから。

谷川　学者というのはことばに頼る人だと思うけれども、河合さんはそういう意味では学者ではなくて、もっと全人的に他人と関わって生きた人なんだと思いますね。だから、学者とも違うし、医者というのとも違いますね。アーキタイプの一つである老賢者というのがいちばん近いかなという気がするんですけどね。でも老賢者というと、一人で行いすましていて、ときどき人が知恵を借りに来ると分けあたえるみたいなイメージがあるでしょう。河合さんは、常時現場で十何人もクライエントを持っていて、日夜を分かたず電話に出たりして身を粉にしているわけですからね。孤高のイメージとは全然違います。山田さんなんかがよく使う「あの人はヘンな人だ」というような意味合いの、ある分類を超えた人間だったという気がすごくするんですけどね。

山田　河合さんは臨床心理学というものを、テクノロジーとアートの間に位置づけておられましたよね。だから、はなから、学者が論文に書くような体系的な学問は必要なかったわけですよ。かといって、個人の自由な自己表現では個々の患者がかかえる深刻な問題には対処できませんからね。

自己表現でもない自己主張でもない、体系のある知識でもない、刻々の具体の場で役立つ叡智のようなものを探りながら、絶えず自分の存在をかけて患者に対していたわけじゃないですか。そうすると、どんどん問題は増えるだけで、ここでどう自分がふるまうかという課題はすごくいっぱい抱えていたと思いますね。

谷川　そうだよね。「わかりまへんな」というのは、いかにおもしろいかということを言っているんでしょうね。そして「わかりまへんな」は、イコール混沌なわけですよ。それを及ばずながらことばにしてみたり、態度にあらわしたりしていたわけで、そういう意味では混沌を抱きとめるだけの器の大きさがあったんですよね。すごい大きさですよね。

山田　大きかったですね。その時の課題は乗り越えても、いつも混沌は残るわけですからね。ますます混沌が大きくなっていきますからね。

谷川　知れば知るほどね。河合さんは、もちろんクライエントとの間ではことばを通してコミュニケーションをはかるわけだけれど、いつでもことばが通じないところまで降りていかなければだめじゃないですか。だから常にことばとことばにならない存在というものを、両方持っていなければだめだった人だと思うんです。

山田　だから、河合さんはいろんな学問や専門領域の人たちと、ものすごい回数で、対談や鼎談をしていましたよね。エッセイ集を編集したりもしていました。歴史学や思想史や民俗学や、宗教史や仏教や社会学や、ほんとにきりがないほどでした。あれは、学問そのものに興味があったのではないと思うんです。そういう分野で蓄積されているはずの、この日本に生きている一人一人の人間を理解するために役立つ、コツというか知恵というか、自分がクライエントと向き合ったときに役立つもの、そういうものを欲しかったんだと思うんですね。どちらかというと、ことばにならないものでしょうね。自分が絶えず向き合う混沌を解きほぐすヒントを欲しかったんだと思いますけどね。だから、ことばにならない知恵の泉をかかえていたことが、谷川さんのおっしゃった賢人というイメージにつながっていくんだと思います。

谷川　ぼくは最初に『魂にメスはいらない』という対談をしたときに、本当に親近感を感じたんです。すごく詩に似ていると思ったからなんですよ。格好よく言うと、われわれ詩人も、言語と言語にならないものの両方を自分の中に合わせ持っているところが、すごく詩に似ていると思ったからなんですよ。

山田　ことばにならないものを感じて、ことばを選んだり、態度にあらわしたり、あるいは時に沈黙を選ぶ。そういうことばの認識は、お二人とも同じだったんじゃないかな。

谷川　極端な話、河合さんのダジャレとか、長新太の絵なんかに対する共感というのも、たぶんクライエントを理解したり、はたらきかけようとすることから生まれたものだという気がするんですよ。ノンセンスというものを、ぼくらが考えているよりはるかに深いものとしてとらえていたと思いますね。だからダジャレは単なるダジャレではなくて、河合さんの一番奥のところから湧いてくるようなものだという気がしますね。

山田　そういう谷川さんの理解を、河合さんは敏感に感じとっていましたね。それが河合さんの谷川さんに対する信頼の基礎にあったと思います。

河合さんの文章

山田　河合さんの原稿は、他の人と比べるとちょっと異様でした。いわゆる学者とか研究者と言われる人の文章は、どうしても専門用語とかが使われるし、学会での新しい知識や発見みたいなものが紹介されるでしょう。それと、論の説得力を増そうとして形容詞や副詞が増えがちなんです。どうしても、ことばが目立つんですね。ところが、河合さんに原稿をいただくと、まず話しことばの口調なんです。それに易しいことばかりで、形容詞も少なくて、副詞も少ない。名詞と動詞だけじゃないの、なんて思うほどさっぱりしているんですね。しかも「てにをは」をちょっと直したくなる(笑)。

谷川　(笑)直しても気がつかないでしょうね。全然推敲しないっていうんだから。手直しをしないんだと思います。

山田　ある事実とか、ある感想とか、一つ一つの文章はものすごく単純で素っ気ないんですね。でも、あまりに飾らないから、読むと、読む人によっていろいろな意味を含んだものとして受け取れるような文章なんです。

谷川　それをぼくは、私心のない文章だと言ったことがあるんです。言い換えると、河合さんは表現しようとしていないんですよ。何も表現する気がない。だから、普段接しているクライエントの話なんかも文学の素材としてはものすごく豊かなものを含んでいますからね、小説家なんかが聞いたらよだれを垂らすようなものなわけですよね。でも河合さんは、そういう素材というか、具体的な人間を表現しようとは思っていないんです。ただ目の前の人を生かそうと思っているだけなんですよ。つまり、自分が一緒に生きていって、どうやったらこの人を理解し、この人の苦しみをちょっとでもとり除くことができるか、としか考えていないんですね。表現なんてする余裕がないんだと思う。本当に事実だけなんですよね。でもそこに個人を超えた人間存在を見る人だった。

山田　しかも決めつけのない事実ですね。

谷川　絶対に断定はしませんね。だいたい善悪という観念がないというんだから。

山田　その点は徹底していました。

谷川　アメリカとスイスでユング派の心理学を、実際の経験として、先生から分析を受けたり、テストをされたりして、しっかり身につけてきたんでしょうね。帰国してからは、ずっとクライエントを診てきたわけじゃないですか。そういう態度がもうからだに入っていて、河合さんの人間観そのものになっていたという感じがしますね。

山田　編集者の体験からすると、ことばで飾ろうとしない文章というのは、ほんとに少ないんです。

谷川　そうでしょうね。みんな、知識とか、思想とかで、自分の見栄を張りますからね。河合さんの場合、そういうのが素っ気ないくらいないですね。

山田　ありませんね。谷川さんの詩は、ことばの一つ一つに表情がありますよね。そういう表情があることばではないんだけれど、あの文章はやっぱり名文だと思いました。あれはいろいろな人の心にしみわたっていくと思うんです。で、その人によって読み方が変わると思いますね。それぞれの人が、自分のかかえている問題と行き会う、そういう普遍性のある書き方なんだと思います。

谷川　そういう意味では、小説家とか作家が持っている文体にあたるものが、ほとんど透明という感じですね。透明な文体ですよね。

山田　そうですね。でも一方では、谷川さんのような美辞麗句、それ自体が魂にふれることができることばというものには、憧れていたんじゃないかな。

谷川　河合さんがクライエントを相手にして、ことばにならないぎりぎりの存在に迫ろうとしていることと、ぼくが言語の世界でやっていることとに共通点があったというふうに、もしかすると感じてくれていたのかなと思います。

山田　その感じは確かにありましたね。でも、谷川さんの詩のことばへの憧れはあったと思います。

谷川　臨床の場で、膨大な事実が蓄積されていて、しかもそれが表面的な日常的な事実ではない、魂の事実みたいなものの集積が河合さんの中にあって、そこから出てきた文章だという感じはすごくしますね。小説家が現実の経験から書くというのとはまた違うことばの出方なんじゃないでしょうか。

山田　そうだと思います。ああいう透明な文章が書けるのは、奇跡のように思いますね。しかも、その透明のなかから生きるための知恵とか思想が現れてくるんです。他の人には絶対に書けません。

からっぽになる

山田　河合さんは、講演がお上手でした。

谷川　講演というか、話術ですね。冗談で、講釈師になりたいと言っていたけど、どちらかというと講演よりも講釈のほうでしたよね。扇子を持ってやりそうな雰囲気だった。

山田　戸隠では、河合さんは講演をして、フルートを吹く。谷川さんは詩の朗読をして、ときどき歌をうたう。河野さんはピアノ演奏と決まっていました。毎年みんなでテーマを決めて、講演もそのテーマでしていただいたんですね。その講演の内容についは、ぼくは毎年手紙をお出ししていたんです。たとえば「自然」なんていうテーマのときは、戸隠はこういう山岳宗教の背景がありますとか、「人間関係」というときには、外から結婚して入って来た女性なんかは地域でこういう問題をかかえていますとか。できたらそういうことを話の中に考慮していただきたいと。河合さんは読むのだろうけど、ぼくに会うと、「私は前もっては何も考えないようにしていて、そのときになって考えるんです」とか、わざと言うわけです。

見ていると確かに、話を始めてから、聴衆の顔を見ながら話が変わっていくんですね。そういうのを集団カウンセリングと言う人もあったけど、相手によって変わっていくことのできる講演ってあるんだな、と思いましたね。よほど話の種がためてあって、それがするするっと出てくるんでしょうね。

谷川　逆ですよ。からっぽになっているからできるんです。ぼくも河合さんほどじゃないけど、多少でも人前で話すことはありますからね。聴衆の前に出たときに、これを言おう、あれを言おうと思っているとだめなんですよ。詩を書くときとも似ているんですけど。詩を書くときは自分をからっぽにしよう、からっぽにしようと思ってやっているでしょう。そうしたらことばが降りてくるみたいなところと同じですね。

河合さんも多分からっぽになっているんですよ。からっぽになっているから、そこに過去の体験なり何かが、すーっと入って来るんでしょうね。目の前の聴衆の雰囲気も全部入ってくるんじゃないかな。だからスムーズに言葉が出てくる、関西人のしゃべくりのユーモアもからだに入ってるし。

山田　あー、なるほど。ぼくは思い至らなかったけれど、それが正解ですね、絶対に。谷川さんが、自分を一度からっぽにして、意識の下の方からいろいろなことばが浮かび上がってくるのを待つ。そのことばで詩を作るという、ネガティブ・ケイパビリティー（負の受容力）という方法と同じですね。

谷川　同じじゃないでしょうか。

山田　やっぱり、自分自身とでも他人とでも、無意識の領域を含めてコミュニケーションをとろうとするときには、からっぽになって受け入れるということが必要なんでしょうね。河合さんは、からっぽになって講壇で何を待っていたんだろう。

谷川　そのときその場で聴衆の前に立って、自分のこころの深いところから湧いてくるものに素直に従っていたんじゃないかな。そういうところはいくら河合さんでも、それがどういう仕組みで、どうやって出てくるかなんて絶対に説明できなかったと思いますけどね。そのあたりは、人間の心の不思議と言うしかないんじゃないかな。

山田　講演するときもそうだけど、臨床の場でもからっぽになっていたということなんでしょうね。情のはたらきはなるべく押さえながら、河合さんは非人情の方をはたらかせて、自分をからっぽにする必要があったんでしょうね。そのからっぽにクライエントの魂の問題が入るっていうことだったんですね。

谷川　そうだと思います。

山田　話をもどしますけど、手紙は役に立たなかったけれど、毎年ぼくは手紙を出す必要があったんですね。

谷川　ある、ある。それは絶対にある。

山田　観客が求めているものを、ぼくが気にしながらちゃんと伝えようとしているかどうか、河合さんはじっと見ていましたからね。親しくなってもそういう冷静な目がはたらいていることをぼくは感じていました。情だけの人ではないんです。あの目には、ぼくはちょっと怖さを感じてもいましたね。

戸隠での八年

山田　戸隠での会は、一九九九年から河合さんが倒れる二〇〇六年まで八回続きましたけど、楽しかったですね。東京に集まって飲みながら内容を考えたり、曲や作品を決めたり、練習したりとか、そういうのもよかったんだけど、戸隠入りしたときの河合さんは、ほんとうに解放された顔をしていました。奥さまとその親友との三人組でうれしさ満面という様子で車で乗り付けて来られました。この二日をどうやって遊ぼうかと、わくわくしている顔でしたね。

谷川　河合さんの普段の関係者はほとんどいませんでしたからね。仕事で河合さんと関わっている人も普段とは違う顔で来ていた感じで、ちょっと珍しい関係だったと思いますね。われわれと戸隠の人たちというのは。

山田　観客は二〇〇人限定で、ほとんどがリピーターでしたからね。観客も出演者も、スタッフも、なんとなく集まってきて、勝手を知った会場で、会場作りを手伝ったり、本を並べたり、練習したり、それから本番をわいわいとやって、終わったら、観客も出演者もスタッフも、みんなで飲む。目的とか建て前が全くないから、無為の会とでもいうのかな。だから、河合さんもあそこでは、何も気を遣いようがなかったと思うんです。

谷川　あれは河合さんにとっては一種のノンセンスの会だったんだよね。

山田　あっ、そうですね。ほんとにそうですね。河合さんが、戸隠のことで読売にエッセイを書いたんだけど、書くことに困ったらしくて、「健康優老人」のボランティアだからいい、とか書いておられました。つまり、みんなが一〇〇パーセント遊んでいたんですね。

谷川　でも、あのときもクライエントに電話はしていたのかな。

山田　されていました。重篤なクライエントに絞っていたと思いますけれど。文化庁の長官になって、最後の最後はそれも信頼できる方にゆずられたように聞きましたけど。

谷川　やっぱり、臨床の仕事は河合さんにとっては最も大切なものだったんでしょうね。

山田　本当はずっとなさりたかったんだと思いますね。文化庁の長官よりは、ずっと大切なものだったと思います。

あの会は、出演者は持ち出しで、入場料はその都度全部飲んで食べちゃうというルールみたいなものがあったんですね。そういう目茶苦茶さが独特の自由な雰囲気になっていたと思うんですけどね。だから、舞台が終わると、みんなランプに再結集して、飲んだり食べたりうたったりして交流したわけです。狭い会場に一〇〇人をずっと超える人たちがごったがえして遊ぶんだけど、河合さんは大活躍で、おしゃべりしたり、記念撮影したり、童謡をうたったりうれしそうでしたね。

谷川　あのノリはひとりっ子のぼくなんかとはずいぶん違うと思いました。

山田　ぼくが感心したのは、パーティーを終えてみんなに帰ってもらって、一番最後に開いた料理担当の裏方さんたちのための慰労会の方なんですね。この人たちは、ランプの奥さんが率いている地元の奥さんたちで、三日も前から買い出しとか下ごしらえを始めていて、当日も朝からひたすら料理を作っている。だから、毎年舞台を見られないんですね。
　この慰労会の時は、河合さんはもう、冗談も言わないし、記念撮影のサービスもなくて、ただ一緒にいるということがうれしいという表情でしたね。それで、戦争中の「兵隊さんよ、ありがとう」という歌を自分で替え歌にして「厨房さんよ、ありがとう」という歌を作ったんですね。それで、厨房隊のみんなと、毎年それを繰り返し繰り返しうたっていましたよね。あれは、修行の果ての顔ではありませんでした。
谷川　たぶん兄貴たちと山を駆け回っていたころの何かが入っていたんだよね。子どもになってましたね。
山田　あの河合さんの表情と態度を見て、厨房隊の一〇人は、次の日からメニュー作りに入ったんです。舞台は見られなくても一年間がんばれる薬になっていたんですよ。あの無邪気なはしゃぎぶりは、絶対に演技とか、作られたものではありませんでしたね。
谷川　河合さんの生まれながらの地がそのまんま出ていましたね。

いつも子どもだった

山田　だから、河合さんて人情家でしたね。ほんとに人が好きだったんだと思います。
谷川　実際に、河合さんは人間が好きだって言っていましたからね。
ぼくはちょっとそこのところは違うんです。人間はそんなに好きじゃないんですよ

（笑）。

山田　（笑）それはどうかなー？　でも、好きじゃなくてもいいと思います、谷川さんは。ぼくが谷川さんとつき合ってきて分かったことは、谷川さんて自分のことをえらい人間だと思っていませんね。そのことには、ほんとうに感心しています。だからいろいろな人たちのことが詩に書けるんだと思うんですね。ぼくは、谷川さんにはそっちの方がずっと大切なことだと思っているんです。ただ、谷川さんはカウンセラーにはなれないと思います。

谷川　ぼくは、確かになれないでしょうね。でも根っこのところではつながっているという感じはどうしてもあるんですね。一方では、嘘八百みたいな詩や物語を書いたり、絵を描いたりしている人がいる。もう一方では、他人の心をちゃんと見つめていい方向に持っていこうとする人がいる。それを一緒にするということは不思議なようだけど、人間というものを対象にしたときには、底のほうでつながって自然という感じがするんですよね。

秩父にて（1997年）．左から山田馨，河合隼雄，谷川俊太郎．

山田　つながっていると思います。臨床にせよ、詩にせよ、人の心の深層にある普遍的な部分で人をとらえようとしますね。そこのところは同じだと思うんです。そのどちらの分野にしても、そういうことができるということには、すごい才能が要りますよ。だから谷川さんと河合さんは、その難しさが分かっているから、お互いに敬愛というか、深いところで認め合っておられたんだと思います。

谷川　ぼくにとっては、すごく学問があって教養もあるという人で、なおかつ一緒に遊べる人は河合さんしかいませんでしたからね。編集者で一緒に遊べる人も山田さんの他にいなかったんですよ。そこのところは何かあるんでしょうね。共通なものは何だったんだろうかと考えますね。簡単に言うと童心とかって言われそうだけど、そんなに簡単なものではないでしょう。一種の自由な価値観みたいなものが身についていると言えばいいのか、ただいい加減なだけだと言えばいいのか、よくわからないんですけどね。

山田　覚えていますか？　河合さんと秩父に行ったとき、一日目は、夜中にわーわーと話し合って、河合さんの修行問題が出たんです。その次の日のことなんですよ。河野さんも含めて四人で、山の尾根にあるぼくと谷川さんとで作った木の上のデッキに行きましたね。そのデッキでビールを飲んで、小一時間ぼんやりしていました。

谷川　そうですね。あのときはずっといい風が吹いていたんだよね。開放感がありましたね。

山田　それから、歩いて、山の中にびわの木を見つけたんです。河合さんがさっと登ったんですよ。笑いながらビワの実をもいで食べているんです。それから、下にいる谷川さんにさかんにビワを投げました。谷川さんは笑いながら一つ一つ受け取って、少し照れながら、うれしそうに食べている。ぼくは、そのお二人の顔を見て、なんか胸が痛くなったんです。ああ、この人たちは子どもなんだ。童心が残っているとか、子どもも性が豊かとかいうのではなくて、いつもずっと子どもだったんだと思ったんですね。
そんなお二人に引きずられて、「三人のワル仲間」に加えてもらって、いい時間をいっぱいもらっていたんだと感謝しています。

［文献］
(1) 河合隼雄・谷川俊太郎『魂にメスはいらない――ユング心理学講義』朝日出版社、一九七九。
(2)『岩波講座　子どもの発達と教育』岩波書店、一九七九―八〇。
(3) 稲垣忠彦・谷川俊太郎・河合隼雄他(編集委員)『シリーズ　授業――実践の批評と創造』岩波書店、一九九一―九三。
(4) 谷川俊太郎・河合隼雄他(編)『シリーズ　今ここに生きる子ども』岩波書店、一九九六―九七。

(5) 河合隼雄『物語とふしぎ——子どもが本に出会うとき』岩波書店、一九九六。
(6) 河合隼雄『子どもと悪』(シリーズ　今ここに生きる子ども)岩波書店、一九九七。
(7) 河合隼雄『あなたが子どもだったころ——河合隼雄対談集』光村図書、一九八八。
(8) J・ロビンソン(松野正子訳)『思い出のマーニー』上・下、岩波少年文庫、一九八〇。
(9) 谷川俊太郎『ひとり暮らし』草思社、二〇〇一。
(10) 河合隼雄『泣き虫ハァちゃん』新潮社、二〇〇七。

谷川俊太郎(たにかわ　しゅんたろう)
一九三一年生まれ。東京都立豊多摩高等学校卒業。詩人。一九五二年刊の第一詩集『二十億光年の孤独』(創元社)で注目され、以来旺盛な詩作を続けるとともに、歌詞、絵本、ラジオドラマなど多彩に活動する。最近の著書に『いつだって今だもん』(大和書房)、『トロムソコラージュ』(新潮社)など。詩の主な仕事は『谷川俊太郎詩集』(思潮社)に集成されている。

山田　馨(やまだ　かおる)
一九四一年生まれ。東京大学文学部美学科卒。編集者。

物語を生きる人間と「生と死」

柳田邦男

私の心の転機

息子・洋二郎が二五歳で自らいのちを絶った翌年、私は何かに突き動かされるような気持ちで、「犠牲《サクリファイス》――わが息子・脳死の11日」という手記を、月刊誌『文藝春秋』に寄稿し、さらに一年かけて大幅に加筆して、同名の単行本(1)にまとめた。

この本が出版されるとすぐに、『本の話』誌の編集者の提案で、河合先生と私の対談が実現した。河合先生は、開口一番、こう話された。

〈今度、『犠牲』を読ませていただいて、人のいのちというものの凄さというんですかね、何歳で亡くなられても、やっぱり人の一生というのは凄いということを、ほんとに重みをもって感じました。この本は非常にたくさんの人を勇気づけるかもしれませんね。私は、よく似たことにいっぱい直面していますのでね、ほんとにそれは感じました。〉

洋二郎は、必死になってと言ってもいいような心の姿勢で、カフカ、ガルシア・マルケス、安部公房、大江健三郎をはじめ、数々の小説を読み、音楽を聴き、大学ノートに友人との交遊や自分の苦悩する孤独な心模様などについて日記を綴っていた。生きる意味を探し、生きられる力を求めていた。愛を求め、心安まるような女性との出逢いを切望していた。だが行き詰まり、自死の道を選んでしまった。

そういう若者は少なくないだろう。洋二郎には、確かに生きた証はある。豊饒なまでの証がある。それでも死を選んだ。そのありのままを書いたら、同じように苦悩している若者たちの、かすかに灯る希望の明かりを吹き消してしまうのではないか。私はそんな不安と怖れを抱きながらも、息子がただ消えてしまうことに耐えられず、この世に生まれ、生き抜いたことの証を記録しなければという思いで、ペンを走らせたのだ。だから、心のどこかに、罪の意識みたいなものを引きずっていた。

河合先生の言葉は、私に免罪符を与えるような類のものではなかったが、私の心はその瞬間、緊張感が何かあたたかい空気に包まれてすーっとほぐれていくような感覚を味わった。心に葛藤をかかえる人、苦悩のカオスの中にいる人が、カウンセリングの中で、心に何か深い安定感を見出せた時の感覚とは、こういうものなのかもしれないと思った。それは、私にとって、自分の心、他者の心を見る目の大きな転機となった。

対談は内容が多岐にわたり、長いものとなった。まとめられた対談の項目ごとの見出しを見ると、「根源的なものへの気づき」「偶然のなかの生」「脳死といのち」「コンステレーションの作業」となっている。息子の自死という私の人生の中で最も深刻な出来事の実体験が、河合先生のゆるやかで深い感想と語りによって、静かに意味があぶり出されてくる。人はどんな苛酷な状況に置かれても、意味を見出すことができれば、最後まで生きられるとは、アウシュヴィッツを生きのびた精神医学者ヴィクトール・E・フランクルの言葉だ。私は、フランクルほどの限界状況にいたわけではなかったが、心の構図としては似たようなプロセスだったように思う。

だから、対談を終えた時、私は率直にこう言ったのだった。

「先生、今日はどうもありがとうございました。なんだか対談というより、カウンセリングを受けたような気分です」。

（この対談は、小著『犠牲』への手紙[2]』に「息子の死を見つめる」の題で、さらに河合隼雄・柳田邦男共著『心の深みへ[3]』に「息子の死を見つめて語る」の題で同文で再録されている。）

私は河合先生と対談やシンポジウム、フォーラムだけでも十数回おつき合いさせて頂いた。著書も、よく頂くので、過半のものを読んできた。そうして触れることのできた河合先生のナマの言葉や文章の中の言葉は、私の実体験や取材で出会った人々の「生と死」と重なり合って、そこにくっきりとした意味づけや文脈づくりに決定的な影響を与えた。だから、私が河合先生についてまとまったものを書こうとすると、そうした重なり合いの中で、私がどのような気づきや成長を経験したかという内容にならざるを得ない。以下は、そういう個人的な経験や思考の深まりに沿って、私の心の中に河合先生が何を刻んできたかの一端をたどったものだ。

「一三歳にしてわれ老いたり」

私がはじめて河合先生とお会いしたのは、一九八五年一一月、月刊誌『Voice』の企画による対談のためだった。先生が語られたことは、一九六〇年代から七〇年代にかけての「若者の反乱」が沈静化して、学生たちがおとなしくなり、やたらと真面目に授業に出るようになった時代を背景に、イデオロギーに代わる心の中のコスモロジーの視点やアイデンティティ論、現代日本人論など多岐にわたった。そういう話の中で、私がとくに強い刺激を受けたのは、鎌倉時代に世界に類例を見ない夢日記を生涯書き続けた明恵上人が一三歳で自死しようとしたことの意味についての分析と、死を日常の中から排除してしまった現代のジレンマについての鋭い指摘だった。

明恵上人は華厳宗の僧で、一九歳の時から終生にわたって、見た夢の日記を記録した人物だ。当時、河合先生は後に、『明恵 夢に生きる』(4)として結実する明恵上人の夢日記を解説・分析のさなかだった。明恵上人は人生の青年期以降においては、深刻な屈折を経験していないが、一三歳の時、「一三歳にしてわれ老いたり」という言葉を吐いて、自死しようとした。わざと墓場に寝て、野犬や狼に食われるままになろうとしたのだという。ところが、野犬や狼は死体は食うが、生きている者は食おうとしない。自死は失敗に終わる。

私はそれまで明恵上人の夢日記のことを全く知らなかったので、夢の分析の話は面白かったが、夢日記とは別の、少年期の自死について、河合先生流の仮説に基づく話には、ドキッとするものを感じさせられた。

それは、人間は一二、三歳あたりで一種の完成度に達するのではないか、というものだった。その後に、セックスを直接的に感じるようになるのだが、その直前のところで、自分が完成度に達したということと、その後に来るやっかいなことへの予感の狭間で、「老いたり」という思いがつのり、死にたいと思うようになる、というのだ。そうして、河合先生は、こう語った。

〈最近の一二、三歳で自殺をする子には、おそらくそういう子もいると思うんです。そういうことは、親もほとんど理解できないでしょう。そこで、みんなが単純に理由を考えたがる。そういうのはよくないと思うんです。現代人というのは、何にでも原因がないと気がすまないところがある。だから、新聞などはその原因について、たとえば「宿題を忘れたから」とかなんとか書いているけれど、あれはほんとうにナンセンスだと思います。〉

私などは全く考えてもみなかったことだけに、臨床心理の経験を積んできていることを背景にした推論に、私はなるほどと感服さえ覚えたのだった。河合先生は京都大学の教授だったことから、京都新聞の記者に、自殺報道についてクレームをつけたことがあった。その記者は、原因不明で自死した一四歳の子について、動機となるようなものは何だったのか徹底的に取材をしたが、結局、原因はわからなかったという記事しか書けなかった。その後、京都新聞は自殺について安易に原因を書くのをやめたという。

この河合先生の話は、メディアの事件報道一般のあり方としても、極めて刺激的なものだった。例えば、航空機事故があると、メディアはすぐに「パイロット・ミスか？」などと、安易な推測を書く。私は同じ取材者として、またヒューマンエラーの研究者として、そういう報道を批判する評論を書き、事実を確認する目をもっと成熟させるように訴えてきただけに、河合先生の見解が胸にすーっと入ってくる印象があった。もっとも、そういう事故におけるヒューマンエラーは、システムの中での出来事なので、専門的な調査・分析によって、ある程度までは、なぜ起きたのかを解析することができる。

しかし、自殺の場合は、同じように心理がからむにしても、もっと深い心の闇がある。そこを河合先生は鋭く突いたのだ。それは新聞批判よりもずっと重要な子どもの心の問題になる。

ともあれ、その後私は、一つには少年事件の取材調査をとおして、もう一つには絵本による子どもの心の発達を考える活動をとおして、最近の子どもの心の発達と人格形成のゆがみについて、分析的に考えるようになったのだが、それは「一三歳にしてわれ老いたり」という明恵上人の言葉と自死未遂についての河合先生の仮説的解釈から強い刺激を受けたことが、一つの重要な転機になっている。

人生の「星座」と「物語る」こと

事故、災害、公害の被害者やがん、難病などの患者・家族がかかえこむ問題について、私は一〇年、二〇年という長期にわたって継続的に取材し、物語性のあるドキュメンタリーな作品を書くことによって、社会にメッセージを発信したり問題提起をしたりする表現活動をしてきた。そういう仕事をする私にとって、河合先生が説く人間理解の方法の中で、ぴったりと頭の中におさまったのは、「人間は物語らないとわからない」というとらえ方であり、ユングの言うコンステレーション(星座)を創るという発想だった。

そのことについて、河合先生はいくつもの著書の中で、かなり力を入れて書いているので、すでに読んでいたのだが、私の脳がビンビンと反応したのは、やはり肉声で語るのを聞いた時だった。一九九二年三月、河合先生の京都大学退官を記念して、東京・麴町の東條会館で岩波書店主催で開かれた〈講演&シンポジウム・河合隼雄　その多様な世界〉でのこと。（以下引用は、その記録である『河合隼雄　その多様な世界』岩波書店による。）

冒頭、「河合隼雄とはなにものか」と題する講演の中で、河合先生は、「それは私がいちばん知りたいことでして、私自身が聴衆のほうに行きたいぐらいです」と言って、聴衆を笑わせてから本論に入ったのだが、その後半で、コンステレーションと「物語る」ことについて、実に平易に、時にはユーモアをまじえて、語ったのだ。以下はその要約だ。

満天の星空をボーッと見ていると、いくつかの明るい星がつながって形が見えてくる。北斗七星とか大熊座とか。形が見えてくると、ハハアとわかってくるところがある。このハハアといって見る星座、これがすごく大事だという。普通人間は、こうしたからこうなったといった因果関係を説明されると、いちばん納得しやすい。しかし、星座を創る営みは、そういう因果関係ではなく、全体の中に形が見えてくると、ハハアとわかってくるという別の納得の仕方がある。それが、物語を創る営みだという。そして、こう語る。

〈フロイトにしても、「エディプス・コンプレックス」という考えを非常にだいじにします。（中略）父子間の葛藤というように具体的なことではなくて、エディプスというようなわけのわからない名前をもってこないと、人間の心はわからないところがある。つまり物語らないとわからないところがある、と私は思うのです。〉

〈たとえば途方もない事故が起こった。なぜこんな事故が起こったのか。そのときに自然科学的な説明は非常に簡単です。なぜ私の恋人が死んだのかというときに、自然科学は完全に説明ができます。「あれは頭蓋骨の損傷ですね」とかなんとかいって、それで終わりになる。しかしその人はそんなことではなくて、私の恋人がなぜ私の目の前で死んだのか、それを聞きたいのです。それに対しては物語をつくるより仕方がない。つまり腹におさまるようにどう物語るか。(5)〉

人間はなぜ古くから神話を創作し、語り伝えてきたのか。人間はなぜ物語が好きなのか。人間の「生と死」は、なぜ物語らないとわからないのか。その理由のエッセンスは、ここに十分に語られている。

河合先生はさらに、こう続けた。

〈私の職業はどういう職業かというと、こられた方が自分の話をどうつくられるか、それを助けることです。（中略）「フロイトによればこういう理論がありますから、あなたは理論的にいうとなにを抑圧しているのです」ということをいうのではなくて、こられた方が「私の人生をこうみていましたら、こう物語れるのです」というふうにいって、「しかも腹におさまったんです」「ああ、おさまりましたか」というところまでいかなくてはならない。〉

死を創る時代

このように苦悩や葛藤をかかえて心がカオス状態にある人が、自分の生い立ちや人生、家族との関係、社会や時代との関係などの全体を見渡すうちに、あの星空の中に星座を見つけ出すのと同じように、自分の人生を一編の物語として筋道をつけて語れるようになれば、心を再生させて、生きることができるようになる。「物語る」ことの意味と力は、そこにある。

しかも物語を見つけ出す営みは、過ぎた人生の足跡についてだけでなく、これからの生き方についても大きな意味を持っている。それは、「物語を生きる」という言葉で表現することができる。自分が納得できるような形で、これからの人生に脈絡や意味をつけて生きているということだ。

河合先生が、かねて神話や昔話・おとぎ話を広範にわたって研究し、さらに晩年には、『源氏物語』やシェイクスピアを分析的に読んだり、アメリカのナバホ先住民の心の文化を訪ねたりしたのも、「物語を生きる人間」の多様な姿をとらえようとする問題意識によるものだと、私は見ている。(6)

ところで、「物語を生きる」という考え方は、苦悩するがん患者や難病患者や死別体験者が過去だけでなく、これからどう生きていくかを考えるうえで、大きな有効性を発揮するのは確かだ。

私は現代の国民病とも言うべきがんをめぐって、病気が進行した時や末期に入った時に、如何に生きるかというテーマで、様々な人々の個性的な生き方を取り上げたドキュメント(『ガン50人の勇気』『「死の医学」への序章』など)やエッセイをすでに書いていたが、「人間は物語を生きている」という河合先生の視点は、私の着想と作品にぴったりと似合う額縁を与えてくださったようなものだった。

そのテーマの延長線上で、私は「死を創る時代」というキーワードを、すでに一九八〇年代に創作していた。医学の発達とともに医療の病院化も進み、病気が進行すると、沢山の管を使った「重装備医療」が施される。人間が尊厳ある死を迎えようとしても、医療者側の取り組みが優先され、患者の意思はあまり顧慮されないことが多い(一九九

○年代中頃以降、かなり改善されてはきたが）。そこで、患者・家族が意識を高めて、思い残しがないように最後の日々をどのように過ごしたいのか、最期の刻《とき》が近づいたら、尊厳ある死を迎えるためにどのような医療をしてほしいかなどについて、しっかりと医療者に伝えて実施してもらわないと、納得のいく形で死を迎えることができない。最期の場を病院、ホスピス、在宅のどこにするかも重要だ。つまり、自分で自分の死を創るようにしないと、よりよい死を迎えることができないという意味で、「死を創る時代」というキーワードを提起したのだ。

それはまさに、人生の物語の最終章を自分で書く作業と言うことができる。死が避けられなくなった時、《これだけはやっておきたい》と思うことを絞って、着実にその実現に努め、医療者には緩和ケアと心のケアだけにしてもらう。最期の刻には、家族がゆったりと看取れるようにしてもらうといったことが、望ましい最終章の書き方ということになろう。

そして、愛する人に先立たれた後は、悲嘆と喪失感の中から、しっかりと立ち直れるように、グリーフケアの専門家のサポートも受けられるような医療態勢も必要だ。ちなみにイギリスのホスピスでは、専門家による家族に対するグリーフケアは、患者の死が避けられなくなった段階（つまり生前）から始められる。

そして、愛する人を喪ってから生きるには、もうひとつ新しい物語あるいはエピローグを創らなければならない。それは、遺された者が死と別れについて、自分の人生の中に、どのような位置づけをし、どのような意味を見出していくかという作業になる。それは、後述する「癒し」の問題に直結することでもある。

それもまた、「死を創る作業」の同一軌道上にあるものだ。「物語を生きる」ということと、「死を創る作業」とは、表裏一体のものだと言える。そういう私の思想に、河合先生は全面的に賛同してくださっていた。

後に、夫をがんで亡くした二児の母から、印象深い手紙を頂いた。夫の闘病中に書いていた日記や夫との往復書簡を、必死の思いで私家版の追悼文集にまとめたというその女性は、手紙の中にこう書いていた。

〈ようやく最近次のように考えることができるようになりました。夫との出会い、そして別れは、私にとってどのような意味があるのかと。その答を求め続けることが生きることなのだと思われます。「なぜ?!」と問うと、哀しみしか返ってきません。でも、どんな意味が……と考えると、哀しみの中でようやく立てるように思います。〉

なんと賢明な方であることかと、私は思った。夫の死の意味を考えれば、立てるようになるのだと気づくとは、誰でも容易にできることではない。死の意味を探すとは、夫との人生と死別後の人生を一筋の物語として創る作業になるだろう。河合先生が既述の講演で語ったように、「私の恋人がなぜ死んだのか」の答えを求めようとしたら、「物語をつくるより仕方がない」という生き方を、手紙の女性は自分で気づいているのだ。すばらしいと思う。

科学の一般性 vs. 物語の一般性

日本臨床心理士会の創立一〇周年記念の会が横浜で開かれた時(一九九九年一一月)、河合先生は会長として基調講演を行った。私は最前列の席で学生のようにノートを取りながら聴いた。それは、「科学の一般性と物語の一般性」に関するもので、医療問題などに取り組んでいる私にとっては、思考のパラダイムをもうひとつ大きく広げるものとなった。

河合先生は例によって、ユーモラスな創作エピソードを漫談調に話し、そこから一般性のある本質的な問題を引き出してくるという巧みな話術で、私を引きこんだ。そのエピソードはこういうものだった。

糖尿病などの生活習慣病の専門医たちの研究会に、患者とのコミュニケーションの取り方について話してほしいと頼まれて出かけた。医師たちは患者たちに食生活や嗜好品について改善をするよう助言するのだが、なかなか守ってもらえない。カウンセリングの専門家なら、うまい説得法を知っているのではないかと期待されたという。

河合先生は、カウンセリングというものは、説得したからといって、効果があがるものではないのです。本人がいのちのかけがえのなさについて本心から気づき、生活改善を自覚するように、根気よく会話を続けるようにするだけです。皆さんも、いのちのこと、家族のこと、大事な子どものこと、人生のことなど何でもいいから、診療以外のことを、毎日二分でも三分でも積み重ねてはいかがでしょうか。そんな中から、ある日突然、何かが起こることがあるんです。一年後にまた来ます、というようなことを話された。その話を、私なりにドキュメンタリー風に再話すると、こうなる。

一年後、また研究会に招かれた河合先生は、いかがですか皆さん、患者さんとの会話をしてみましたか。何か変化を経験した先生がおられましたら、教えてください、と問いかけた。すると、一人の医師が立って、劇的な出来事について報告した。海釣りマニアの中年の患者が、どうしても酒をやめない。ところがある日、悪天候にもかかわらず、海岸の岸場で釣り糸を垂れていたら、突然大波にさらわれそうになった。懸命に岩にしがみついて必死に這い上がろうとした時、《俺は死にたくない。ここで死んだら、家族が大変なことになる》という思いが、電撃的に頭の中を走った。その患者は、その日からぴたりと酒をやめたという。

会場の中から、ほうと感心する声と笑いが沸き起こった。それを聞いた河合先生は、おもむろに語った。今の話はすばらしいですね。では、糖尿病の患者さんに酒をやめてもらう方法として、荒れた日に海釣りに出かけてもらうのが有効かどうか、その証拠《エビデンス》をつかむために、皆さんの患者さんの中から例えば三〇名を選んで実験してみてはいかがでしょうか。仮にそのうち三〇パーセントの人が酒をやめたとしたら、これは有効な治療法として学会でも通用するでしょうね。会場の医師たちから爆笑が起きた。

河合先生は続けた。海釣りは薬のように、科学的な実験研究や臨床試験を行って、有効性が確認されれば誰にでも共通に効くという類のものではないのは、皆さんはおわかりになっている。しかし、海釣りであわやいのちを落としそうになったことで、一人の患者が酒をやめ、体調がよくなったことは事実です。その患者は人生の物語の中で、何かとんでもない出来事を経験し、そのショックゆえに心を入れかえた。そして、その報告を聞いた時、皆さんは「ほおー」と感動された。その感動、心が動かされたということが大事なのです。

そこからわかってくるのは、科学の一般性と物語の一般性の本質的な違いです。医学・医療というものは、科学的実証性をベースにして、普遍的に有効な診断・治療法を開発します。しかし、患者は心があるがゆえに科学の論理だけでは説明のつかない人生を歩んでいます。

先ほど海釣りの患者の報告を聞いたとき、皆さんが「ほおー」と感動されたことは、結果の予測はできないが、自分も患者と日常の会話を大事にしていけば、ある瞬間、患者の心に何か大きな変化が起きるかもしれないという思いになって生きる可能性を示していると思うのです。これが物語の一般性の特質です。これからもぜひ、医学的な診療行為だけで、「次の方どうぞ」というのでなく、患者さんの生活や人生にかかわる会話をしてほしいと思います。

河合先生の講演は、これほど詳しくはなかったので、私がかなり言葉を補っていることをお許し頂きたい。

人間はなぜ「物語らないとわからない」のか。それは、近代科学は自分と相手や現象との関係を切断し、相手や現象を完全に対象化、客観化することによって、一般性のある真理を発見することに成功し、その力があまりにも大きいがゆえに、人間同士の関係性までが、科学の方法で見られるようになってしまったことへのアンチテーゼなのだ。河合先生は、この科学主義の時代における人間の不幸を「関係喪失の病」ととらえ、物語こそ関係性回復への方法だと論じる。そして、「物語を生きる人間」においては、「意味のある偶然」「瞬間の真実」や「たましい」が極めて重要になるのだが、ここでは紙数に限りがあるので詳論は別の機会に譲ることにする。(7)

現代の医療は、あまりにも科学の論理に偏りすぎ、科学主義が支配しているとさえ言うことができる。その結果、生きた人間の心や全体を見る眼が失われがちになっている。そのことを河合先生ははやくから気づいて、警鐘を鳴らしてきたのだが、この日本臨床心理士会での講演は、その問題意識をみごとに説得力ある形にまとめたものだった。

物語の一般性というキーワードを耳にした時、私は若い頃にしきりに小説や詩集を読んだことの意味について、あらためて考えた。少年時代から学生時代にかけて、読んだ小説や詩から受けた感動は、その後自分が生きる糧になったし、とりわけ傾倒した作家の小説からは自分の人生選択に決定的な影響を受けた。

つまり、物語の一般性というものは、医師＝患者関係に限ったものではなく、人の生き方に普遍的にあてはまるものなのだ。優れた医師になった人たちも、若い頃には小説や詩に感動した経験をしたはずだ。それなのに、医学部で医学を学び、病院や診療所で勤務するうちに、科学の眼だけに偏った診療をするようになってしまう医師が少なくないのは、なぜなのか。

医学・医療の分野で取材・執筆の活動をしてきた私は、上記のような気づきの延長線上で、河合先生がなぜ最後の一〇年ほどの期間に、「医学と医療は違う」「物語を基礎とする医療を」「患者本位の医療学会をつくろう」という発言を繰り返すようになったか、その根底にある問題意識を理解することができた。とくに「物語を基礎とする医療」の提唱は、私のかねてからの執筆活動にしっかりとした概念を与えてくださったものなので、私はこれからこのキーワードの普及に努めようと考えている。

河合先生は私がはじめてお会いした時（一九八五年）にすでに、死を日常の中から排除してしまった現代のジレンマという問題意識を語られていたが、そのジレンマは「物語を基礎とする医療」が不在になっていることの究極の矛盾の表れと、とらえることもできるだろう。

現代の日本は、戦争や結核などの重大な感染症の危機感を希薄にしている。家族同士も誰かがいのちの危機に直面するということが少ないため、のほほんと過ごしたり、互いにいがみ合ったりしている。親子にしても兄弟にしても、深く理解し合うということをしない。ところが、突然父親が事故死したり、誰かが重い病気になったりすると、父と口もきかなかった息子が、父の遺書や遺品を見て、父親観を劇的に変えたりするとか、妻ががんとわかるや会社人間だった夫が急に家庭を大事にするようになったりする。

河合先生は、そうした現代の状況について、はやくも八五年の私との最初の対談の中で、〈残念ながら、現代人は死に直面したときだけ（真実の）対話ができるという、とてもおかしな状況になっている〉という認識を示し、死を遠ざけるように医学を発達させた現代の課題は、〈一方で死を遠ざける技術を発達させながら、心理的にはいかに死と近く生きるかということが要請される〉ことだと述べておられた。

心において死と近くに生きるとは、健康な日常生活においても、メメント・モリ（死を忘れるな）という意識を持ち、ある日突然、いのちや健康に異変が生じても、冷静に現実と向き合えるように心の準備をしておくことだ。災害ボランティアやホスピスボランティア、病院ボランティアの活動をするとか、生と死を考える会の活動に参加するとか、様々な形が考えられる。あるいは日常の中で闘病記を読んで、死にゆく人の闘病経過などになじんでおくといったことも有効だろう。それは主として、一人称である自分自身の死の迎え方の問題だ。

しかし、哲学的に言うなら、徹底的に痛み・苦しみをなくすことが、果たして死にゆく人の最後の心の成熟にとっていいことなのかという、根源的な問題もある。河合先生は、『死ぬ瞬間』など死と死にゆくことの研究で知られるアメリカの精神科医エリザベス・キューブラー＝ロスが脳卒中で体が不自由になり、死が避けられない状態になった時、自分のそれまでの死に関する精神医学的な研究を否定するような発言をしたり、孤独感を語ったりして、関係者に衝撃を与えたことについて、私との対談（一九九八年）の中で、とても大事なことを指摘された。

〈バラ色の聖女みたいなイメージをみんなキューブラー＝ロスにもつわけですね。

しかし、彼女自身にしたらたまらんでしょう。そんなことないよと。死ぬということはもっと大変で、自分だっていい加減いやになってるところがあるんだということは、しっかと言っときたいというのは絶対あったと思いますね。〉

〈ロスは安楽死について、「不快だからという理由で安易に患者に安楽死に導いている。これは患者が卒業する前に、最後の教訓を学ぶ機会を、患者から奪っていることに気づいていないからだ」と書いている。これは鋭い指摘ですね。〉

そして、「二人称の死」に直面した人の、喪失からの癒しについても、河合先生は、厳しいことを語る。それは、二歳八カ月のわが子をインフルエンザ脳症で亡くした母親の、必死の思いで綴った文章に関連して、『学際』誌に寄稿した「『癒し』とは何か」と題する小論の中で論じたものだ。

その母親は法月恵《のりづきめぐみ》さんと言う。子どもの死後五年を経た時に、縁あって私宛に頂いた手紙の中で、こう綴っていた。

〈私たちのような喪失体験者にとっての「癒し」とは決して心地よいものではないと思います。胸をかきむしらんばかりの苦しみ、そこから逃げずに必死に生きようとするその人生そのものが「癒し」だと思うのです。〉

私は、この手紙には癒しの本質にかかわる大事なことが語られていると感じたので、河合先生にも読んで頂いた。すると河合先生は、法月さんの生き方を称讃しつつ、「癒し」とは窮極において、自分で苦悩と向き合い、自分で癒していくしかないものであること、しかし、すべて独りというのでは難しいので、臨床心理士など背中を押してくれる人が必要になること、独りで頑張りすぎないことも大切であることを論じてくださった。

河合先生は、ある時私に、ユングが生涯で最も重要な著書を著わしたのは、七〇歳を過ぎてから八〇歳までの一〇年間だったことを強く意識していると語られた。そのことは、著書『生と死の接点』(岩波書店、一九八九年)の中でも、ライフサイクル論に関連して語っておられる(同書、二四頁)。そして、自らも七〇歳を過ぎてからも猛烈に仕事を続けられ、次々に著書を出版されていた。しかし、八〇歳に届かぬうちに急逝された。河合先生を「人生の師」と秘かに仰いで、七〇歳を過ぎてからも懸命に働き続けている私にとって、大変なショックだった。河合先生の思想と仕事をさらに深く学び、それを自分の表現活動の座標軸にしていくことしか、「人生の師」の喪失感を埋める道はないと考えている。

［文献］

（1）柳田邦男『犠牲《サクリファイス》――わが息子・脳死の11日』文藝春秋、一九九五。
（2）柳田邦男『『犠牲《サクリファイス》』への手紙』文藝春秋、一九九八。
（3）河合隼雄・柳田邦男『心の深みへ――「うつ社会」脱出のために』講談社、二〇〇二。
（4）河合隼雄『明恵　夢を生きる』京都松柏社、一九八七。
（5）河合隼雄『河合隼雄　その多様な世界――講演とシンポジウム』岩波書店、一九九二。
（6）晩年の関連する著作として、『快読シェイクスピア』（松岡和子氏との共著）新潮社、一九九九。『紫マンダラ――源氏物語の構図』小学館、二〇〇〇。『ナバホへの旅　たましいの風景』朝日新聞社、二〇〇二。『神話と日本人の心』岩波書店、二〇〇三など。
（7）河合隼雄『生と死の接点』岩波書店、一九八九。同『ナバホへの旅　たましいの風景』。同『物語を生きる――今は昔・昔は今』小学館、二〇〇二など。

柳田邦男（やなぎだ　くにお）
一九三六年生まれ。東京大学経済学部卒業。ノンフィクション作家。NHK記者時代の七二年に航空機事故を取材した『マッハの恐怖』（新潮文庫）で大宅壮一ノンフィクション賞を受ける。その後退職して作家活動に入り、事故、災害、公害、医療などの現場における「生と死」や人間のあり方を取材し続け、現在にいたる。著書に『「死の医学」への序章』（新潮文庫）、『空白の天気図』(文春文庫)、『ガン回廊の朝』(講談社文庫)、『犠牲《サクリファイス》――わが息子・脳死の11日』(文春文庫)など多数。最近は「いのち観」形成の原点となる幼少期の人間形成の問題に注目、絵本に関する『砂漠でみつけた一冊の絵本』(岩波書店)などのエッセイ集を多々出版しているほか、外国の絵本の翻訳も多い。

河合先生との対話

佐渡　裕

コンサート開演直前、舞台裏の指揮者控え室。舞台からオーボエのAの音に合わせてチューニングしているオーケストラの音が聴こえます。もう間もなく舞台監督が僕の部屋のドアをノックするでしょう。音楽とは時間との勝負です。オーケストラと行った数日間の練習を思い出し、仕上がりが悪いとジタバタと足掻いても、演奏会の当日は必ずやってくるわけで、「間に合った！」と思うときもあれば、「一か八かの賭けに出るしかない！」と思う時もあります。与えられた練習時間の中で、自分の考えをオーケストラに伝え、出来る限り時間を有効に使います(かといって合理的に練習を進めるだけが優れているのではないのですが)。この最後の瞬間に、一つの空間に集まった演奏家とお客様とで、たった一つの創造物を産むために、僕はオーケストラの指揮台に立ちたいと思うし、毎回「やることは、全てやった」と自分自身に何度も何度も言い聞かせ、指揮台に呼び出されるためのノックを楽屋で待ちます。舞台上はある種華やかな世界ですが、こう見えて結構孤独な世界でもあるのです。

僕には大した宗教心もなければ、縁起を担ぐこともほとんどありません。ただ一つだけ、二〇〇八年から僕の演奏前の儀式になっていることがあります。それは河合隼雄先生と一緒に撮った一枚の写真に手を合わせることです。僕が芸術監督をつとめる、兵庫県立芸術文化センターで、二〇〇五年秋の劇場オープン公演直後にロビーで撮った写真です。河合先生は何度もこの劇場への僕の想いを、設計図の段階から聞いてくださっていました。この写真の中では、僕の所属事務所代表の佐野さん、真ん中に先生、そして僕、三人ともレンズの方を見て笑っています。先生と佐野さんは僕の方に少し身体を向け、僕の身体は二人に向いています。阪神淡路大震災の復興のシンボルとして開館した劇場の晴れの舞台を終え、僕の顔には、大仕事を成し遂げた満足感と、やんちゃ坊主のような何かいたずら心の混ざった表情が表れています。佐野さんも僕のマネージャーとして、これからまだまだ大変なことが起こるだろうけれど、「本当にここまで漕ぎ着けてよかった！」という思いでしょうか？　満面の笑みです。河合先生は、今にもポロっと駄洒落をかましてくれそうな口元です。「楽しいことしましょう！」と先生の言葉が聞こえてきそうで、写真を見ていると、心が温かくなり、心の底からおもろいものを創る力が湧いてきます。

この写真を前に本番の直前、楽屋で一人きりの僕は、静かに両手を合わせます。ふと、これから約一時間かけて演奏する交響曲の中で、アンサンブルが最も難しい箇所が心配になり、そのフレーズが頭を過ります。両手を合わせながら「先生、大丈夫やろか？」と実際に声を出して先生に問いかけます。「わかりませんなぁ。何しろ僕は指揮者じゃないからね……。でも、うまくいくでしょう、佐渡さんが一生懸命練習されたんやから！」という答えが写真の先生から返ってきます。いやきっとそれだけではなく、先生の得意の駄洒落も、いくつかくっ付いて来るのだろうけれど……。僕は数度先生とのやり取りを繰り返して、舞台に出る心の準備をします。出来る限り精一杯指揮をし、河合先生も客席で精一杯の拍手を贈ってくれることを心に思い描きます。「凄い！　凄い！」といいながら、客席で他の誰よりも高く手を挙げて、奥様と一緒に舞台の僕に声援を贈ってくれる、演奏会に来てくれていた頃のそんな先生の姿を頭に描き、「よしっ！」と自分に言い聞かせ、心に区切りをつけて両手を離します。

やり方もシチュエーションも様々でしょうが、河合先生がお亡くなりになってからも、いやむしろ生前以上に、先生との対話はたくさんの方によって、それぞれの形で毎日のように繰り返されているのではないでしょうか。時には先生の本を開き新しいことを学んだり、また昔読んだ本をもう一度読み直して、自分の選ぼうとする決断が正しいかどうか確認する。指揮者という職業はかなり珍しいだろうけれど、先生と対話をする人は、きっと学校の先生だったり、主婦だったり、警察官もいるかな？　パン屋さんもいるでしょう……。それぞれ「生きることはしんどいことだな」と、何度も挫けそうになりながらも、先生と向かい合うことで「よしっ！」と、自分自身に諦めることなく、また先を見て頑張れる。生前も先生は繰り返し対話をされてきたけれど、先生が天国に行かれてから、より多くの人が先生と話し出したような気がしています。

佐渡　裕(さど　ゆたか)
一九六一年生まれ。京都市立芸術大学卒業。指揮者。一九八九年フランスのブザンソン国際指揮者コンクール優勝。ドイツ、フランス、イタリア等欧州を中心に多くの名門オーケストラに客演を続けている。二〇一五年よりウィーンで一一〇年の歴史を持つトーンキュンストラー管弦楽団音楽監督に就任。国内では兵庫県立芸術文化センター芸術監督、シエナ・ウインド・オーケストラ首席指揮者を務める。著書に『僕はいかにして指揮者になったのか』(新潮文庫)、『棒を振る人生——指揮者は時間を彫刻する』(ＰＨＰ文庫／ＰＨＰ新書)等がある。

私の「河合隼雄」

中鉢良治

日本人のこころ

私は元来読書好きで、脳科学や心理学など専門外の本も好んで読んだ。元々これらのジャンルは、かつて自分の従事していた磁性材料の開発など「モノ」を扱う領域とは異なり、あまり「科学」の力が及ばない領域と私は思っていた。しかし実際に読んでみると、一見つかみどころがなさそうなテーマにも関わらず、科学的な説明がうまく加えられていることに納得感があった。結婚後まもない三〇年以上も前のことである。当時、フロイトの精神分析に興味を持つようになっていたのだが、妻が再三にわたり「カワイハヤオ」さんを勧めてくれた。このユング派の心理学者の名を知ってはいたが、フロイトからの宗旨替えをするようで妙なためらいがあった。

恥ずかしながら、この「カワイハヤオ」さんが河合隼雄さんであるとはっきり認識できたのは、一九八三年にＮＨＫ教育テレビで『日本人のこころ』と題して放映された市民大学講座を観てからである。心理学のジャンルでありながら、そこで語られているのは古事記の神々や日本人の宗教観であり、河合さんが導き出した中空構造という日本人論であった。社会科学的テーマにどっぷりと浸っておられる河合さんが、実は理系出身であることが私にはとても新鮮であり、河合隼雄さんのことを調べていくきっかけにもなった。河合隼雄さんの出演するテレビ番組があると、漏らさずビデオに録画し、メモをとりながら食い入るように見入った。

『日本人のこころ』の他にもいくつか印象に残るものがある。一九八五年NHK教育テレビの『こころの時代——宗教・人生——』もその一つだ。この年、京都で「第九回トランスパーソナル国際会議」があり来日していた精神科医のエリザベス・キューブラー＝ロス(Elisabeth Kübler-Ross)さんと河合さんとの対談番組であった。『死の臨床から』と題して、臨死体験や霊魂、死後の世界といった、当時はまだ「怪しげな」と思われていた内容の語り合いが、実に「科学的な」テーマとして成立していたことに驚いた。

同じ年のNHK教育テレビ『ビッグ対談』も忘れられない。「人間・人間を超えるもの」というテーマで作家の遠藤周作さんと河合さんが対談したもので、話題豊富な遠藤さんと聴き上手な河合さんの展開する、知的でユーモアあふれる掛け合いであった。それまで迂闊にも、私の中では「狐狸庵先生」でしかなかった遠藤周作さんに対する見方を一変させてくれたのもこの対談のお陰であり、座談の名手(プロ？)の河合さんのお導きなのである。

こうしたテレビ番組を通じて見える河合さんの人となりの魅力もあいまって、その後、河合さんの著作を貪るように読み始めたのである。そのエネルギッシュな思索から生み出される著作は、専門書から対談集、エッセイに至るまで多岐にわたり、かつ多作である。河合さんをより知りたいがために、著作に加え、その中で引用された本や推薦の本に至るまで私の読書領域は拡がっていった。『七つの人形の恋物語』(1)、『はるかな国の兄弟』(2)、『はてしない物語』(3)など、河合さんの紹介がなければ読むことのないような本により、自分の考え方や生き方が大いに影響を受けたと思っている。

縦横無尽、疾風怒濤

そんな中、幸運にも、河合さんに直接お目にかかる機会があった。二〇〇三年一月、役員向け研修として会社が河合さんを特別講演にお招きしたのである。著作やテレビで知っていたつもりの河合さんを目の当たりにして、その熱い語り口に、あっという間の一時間が過ぎてしまった。

こうした私の「河合隼雄体験」を、何とか若い社員達にも伝えたいと考え、私の主催する次世代人材育成研修に講師を依頼していたところ、ご快諾をいただき、二〇〇五年四月に、お時間を頂くことができた。河合さんは引き続き文化庁長官の重責にあり、さらにご多忙になっていたにもかかわらず、懇親会も含めて、丸一日私たちのために時間

2005年4月の次世代人材育成研修後の記念撮影，河合さんの右隣が著者.

を割いてくださった(写真)。

研修は予め河合さんからの指定図書を読み、それに基づいてディベートするという形で行なわれた。講演では聴けない河合さんの本音に触れることができ、会社の幹部側として参加した私を含め全員がその気迫に圧倒された。

「家で使うこころのエネルギーは、会社で使うこころのエネルギーより比べ物にならない程大きいんです」。

「モノ造りは、日本人にとっては宗教的情緒と一緒になってゆくんです。モノに魂を入れてゆき、神に近づいてゆく。日本人はモノとこころを分離しません。ところが、欧米人はモノとこころを分離してしまいました」。

「今はモノだけが豊かな社会になってしまいました。科学の知が神話の知をのみ込んでしまったんです」。

河合さんは製造業に働く私たちのために特別に分かりやすく、ていねいに解説してくださった。私は社長就任が内定していた時期であり、何かとあわただしい毎日だったが、この日ばかりは、あこがれの河合さんにお会いし、ついつい研修生の存在を忘れ一人占めしてしまったほどである。この日、一九八三年のテレビ番組のテキストブック『日本人のこころ』に、「河合隼雄　二〇〇五・四・十六」とサインをして頂いた。もちろん私のお宝であり、今も大切に持っている。

河合さんは、文化庁のホームページで連載されていた「文化庁の抜穴」と題する御自身のコラムに、この日のことを取り上げてくださった。関係者のご了解を得て、河合さんのコメントをそのまま記させて頂く。

〈文化庁の抜穴：国際化時代の研修〉

ある有名企業から研修の助言者として依頼された。研修といっても講義をして帰ってくるだけではあまり意味がないのでお断りすることが多い。ところが、これはまったく異なり、朝一〇時から午後四時まで、私の著書をもとにグループごとに研修したことを発表し、それに企業の幹部がからんでコメントし、バトルを展開。それに私も加わって欲しいと言うのである。

そんなことならと意気込んで参加したが、確かにその甲斐があった。私が日本の神話をベースにして、日本の「中空均衡型」と欧米の「中心統合型」と比較して論じていることがテーマになるが、感心したのはありきたりの学説の紹介などでなく、「この考えでゆくと我が社は」とか、「欧米人と交渉したり協調したりするときに」とか、きわめて具体的な考えが述べられ、それに対して幹部の人は容赦なく突っ込みを入れる。国際化の時代。企業もこのように文化差の問題を考え、厳しい研修を積むのだ、と大いに感心した。

（文化庁ホームページより　二〇〇五年六月一五日）

河合さんから繰り出される話題は、「中空均衡構造」から「スイスのユング研究所の思い出」、「京都大学吉田寮」まで、まさに縦横無尽、疾風怒濤の感があり、聴き手の私たちにも実に心地よいものであった。この時の成功に意を強くして、事務局が二回目の次世代人材育成研修を企画している矢先に河合さんが倒れられた。今となっては、あの洒脱で粋な河合さんの肉声を再びお聴きできないのが残念でならない。

全力を挙げて何もしないこと！

二〇〇八年の暮れ、私は沖縄に旅行した。沖縄の知人の案内で首里城周辺を散策していたら、「御嶽《うたき》」という建物の前で果物などを奉納している人たちがいることに気がついた。知人の話では御嶽は神が降りてくる聖地なのだそうだ。

御嶽は沖縄様式で作られた門のようなもので、板戸があり常時カンヌキがかけられている。そして戸の向こうには「何もない」のだ。人々は「何もない」ものを拝んでいるのである。芸術家の岡本太郎さんが那覇に近い久高島という聖地を訪ねた時、「何もない」ことにショックを受けたという話をその知人がしてくれた。ふと、河合さんの「中空構造」のことを思い出した。

自社の話で恐縮だが、ソニーほど「ソニーらしさ」を求められる企業は少ない。社内外でたくさんの議論があり、私も社長の職責の中で真剣に考えた。しかし、つきつめてゆけば「何もない」のではないか、と思っている。むしろ社内外のソニーに対する「思い」が共感し、連鎖してゆくものだ、という社員もいる。急速に変化していく企業社会において、神話や昔話などの口承文芸に着目し、日本人の深層心理を読みとり、西洋人の心の構造を対比していく発想は、何故か腹の底に実感として伝わるものである。

私は知らず知らずのうちに河合さんの思考方法を仮借しながら経営に携わってきたような気がする。河合さんはリーダーの本質を「積極的無為」であり「全力を挙げて何もしないこと！」と看破されていた。この教えはあの研修の時にもお聞きしていたのだが、数カ月後に社長に就任するやその禁を破り「あの手この手」に執着する毎日であった。

ますます厳しさを増す今日こそ「積極的無為」の真髄を、先生の絶妙なユーモアと当意即妙の語り口で、もっともっとお聞きしたかったと思っている。

私の「河合隼雄」は、今なお生きている。

［文献］
（1）ポール・ギャリコ（大島辰雄訳）『七つの人形の恋物語』河出書房、一九五五。
（2）リンドグレーン作・ウィクランド絵（大塚勇三訳）『はるかな国の兄弟』岩波書店、一九七六。
（3）ミヒャエル・エンデ（上田真而子・佐藤真理子訳）『はてしない物語』岩波書店、一九八二。

中鉢良治（ちゅうばち　りょうじ）
一九四七年生まれ。東北大学大学院工学研究科博士課程修了。国立研究開発法人産業技術総合研究所理事長。一九七七年ソニー株式会社入社、二〇〇五年取締役代表執行役社長、二〇〇九年取締役代表執行役副会長、二〇一三年より現職。著書に『迷いの先に　仕事と人生の羅針盤』（日経ＢＰ社）。

河合隼雄との三度の再会

河合俊雄

近親リビドー

師としての河合隼雄について講演してほしいと頼まれて、非常にありがたい話だとは思ったのですが、一度はお断りしました。というのも、学問的紹介なら可能であっても、まだまだ個人的なことは話せないと思ったからです。また人から見て、父を師として語るのは変で、無理があるのではと思われるかもしれません。しかしそれでも講演を引き受けたのは、少しでも河合隼雄という人を伝えていかねばと思うからです。それなりの話の筋を見つけたのでそれに沿って話していきたいと思います。

ところで父である師について話すむずかしさは、私だけに当てはまるのではありません。河合隼雄はユング派の分析家であり、心理療法家でした。ユングは『転移の心理学』の中で「近親リビドー」という言葉を用いています。これは近親者を結びつける心的なエネルギーのことで、それが心理療法での治療関係で働くとしています。精神分析でも、ユング派でも、心理療法家になるために自ら分析を受けることが必要ですから、これは師弟間でも生じてきます。さらには、たとえ分析を受けていなくても、河合隼雄から心理療法を学ぶ人は河合隼雄のことを自分のセラピストであるかのように見なしがちです。だから我が師河合隼雄を語る際には、誰もがこの近親リビドーに囚われる危険性があるのです。

近親リビドーは残念ながらよく否定的に現れます。兄の方がよくしてもらったとか、親への恨みなどが近親リビドーの典型的な現れです。河合隼雄に対しても、「もっと××してほしかった」という語りがよく聞かれます。河合隼雄の分析家であったカール・マイヤーは、多くの優秀な分析家を育てましたが、残念ながら大部分の弟子と後に決裂しています。

近親リビドーが非常にやっかいなものなので、心理療法は、近親リビドーの破壊性を免れるために、距離を保つ工夫をしてきました。心理療法において時間、場所、料金を定めるという治療枠や、訓練において自分の分析家以外に試験を受けねばならないなど、近親リビドーをコントロールするための様々な工夫がなされています。

まさにこの工夫のために、私は父である河合隼雄の分析を受けられません。そうすると皮肉なことに、河合隼雄に分析を受けていない者に、我が師としての河合隼雄のことを語る資格はないと思われるかもしれません。しかしこのことは、まさに親子であるがゆえに、距離を取らざるをえなかったし、距離が大切であったことを示していると思います。

ところで、河合隼雄自身は近親リビドーをどのように見ていたのでしょうか。河合隼雄は、いわゆる日本的な師弟関係があまり好きではなかったようです。一九八〇年頃にジェイムズ・ヒルマンの所を訪れたときの逸話が印象的です。ヒルマンは、ユング以後で最も有名で創造的な分析家でしたので、多くの人がまわりにいました。すると中には、ヒルマンがあまり評価してくれないと嘆く人が何人かいたようです。そのことを河合隼雄は、「西洋人でもあんなこと思うんや」と私に感想をもらしました。つまりそこには日本的な師弟関係や甘えの感情を感じたのでしょう。

心理療法が、距離を設ける設定によって近親リビドーの問題の克服を試みているように、近親リビドーの秘密は、離れているからこそ本質的に通じるというところにあるかもしれません。二〇一三年に村上春樹さんが、河合隼雄物語賞・学芸賞の設立を記念して、京都大学でスピーチと公開インタビューを行ってくれました。そのスピーチの中に以下のような言葉で、距離があることによる本質的な通じ合いについてふれています。

「河合先生とは何度もお目にかかって、親しく話もしているのですが、それでも僕にとって河合隼雄さんはあくまで「河合先生」であり、最後までそのスタンスは崩れませんでした。言い換えれば僕らは基本的に「小説家」と「心理療法家」というそれぞれのコスチュームを脱ぐことはなかった――そういうことになると思います。でもそれは他人行儀というのではなく、むしろそういう方が、そういう枠みたいなものがあった方が、お互い率直に、腹を割って話しやすかったからじゃないかと思うんです」。

二人は、あくまで「小説家」と「心理療法家」という立場を守っていたからこそ、深い交流ができたという訳で、これは近親リビドーとのうまいつき合い方を示しているのです。

京都大学——二度目の再会

ここでは河合隼雄が話の中心なのですが、なぜ私がユング心理学を学ぼうと思い、河合隼雄が師となったのかについても話しておく必要があると思います。私は元々理系型だったのですが、目がよくないので、医学や理系は無理だと家族の中では考えられていました。だから文系の中で何かをということになりますが、心理療法とか臨床心理学の本を若いうちからあまり読まない方がいいと親から言われていました。なぜでしょうか。村上春樹さんは、先のスピーチの中で次のように述べています。

「ここだけの話ですが、僕はいまだに河合先生の本をほとんど読んでいません。(中略)もし読者の手に渡る前に、著者によって捌かれ、咀嚼されてしまったら、テキストとしての意味が大きく損なわれてしまいます。だからたぶん僕はユングからも、河合先生の著作からも、意識して距離を置いてきたのだと思います」。

心理療法の本を中・高校生のときから読まない方がよいというのは、まず生きていくことが大切で、わかってしまった気になったらおもしろくないのではという配慮があったと思います。それではなぜ私が心理療法を選んだのかには、小さい頃からあった死の恐怖が大きかったと思います。記憶ある限り、私は常に死に関する恐怖と問いに直面していました。そしてそれの解決がユング心理学にあるという直感があって、そのために臨床心理学、というよりユング心理学を学ぼうと高校二年生の頃に思ったのです。その点では、私は結果的に河合隼雄の場合の動機と非常に似ているかもしれません。私が学部のころに出た、谷川俊太郎さんとの対談『魂にメスはいらない』に、次のようなやり取りがあります。

谷川俊太郎「いかにしていまのようなお仕事をお始めになったのか。その動機というものがいくつぐらいのときにあったのか」。

河合隼雄「私の場合、一番中心にあるのは死の問題だと思います。それは小さいときから強くありました。（中略）もともとぼくは小さいときから死のことを考えていたようです。幼稚園のときには、もう非常にはっきりした死の不安とか、死の恐怖とかがありました。それがこういう仕事をやっていることの中核にあるんじゃないでしょうか」。

このようなわけで私は直感的に心理学、しかもユング心理学を専攻しようと決めました。京都大学の教育学部に入学して、二年生のときの臨床心理学の概論講義が、我が師としての河合隼雄との最初の出会いになりました。普通とは違って私の場合には、それは既に知っていた父との、我が師としての「再会」でした。

当時の京都大学は、学生もあまり授業に出てこなくて、たいていの授業は閑散としていたのですが、その中で「臨床心理学概論」は超人気授業で、立ち見が出るくらいでした。自由な校風を反映して、他学部から聴講に来ている学生も、偽学生も多くいました。

臨床心理学の講義はむしろ心理療法とは何かを伝えてくれるもので、その意味で本から学べないものでした。そして中には必ず自分について考えさせられる、ハッとするポイントがありました。そして講義中の河合隼雄は、家で見ているのとあまり変わりませんでした。同じように冗談を言って笑いをとるところは、全く同じでした。

学部のときの河合隼雄の授業はこの概論だけで、心理学には様々な実習や実験があって、なかなか忙しいものでした。しかし私はむしろ次第に哲学に関心を持つようになって、様々な文学部の講読演習に潜って聴きました。そしていよいよ大学院に入ったわけですが、そこはむしろ心理療法の訓練機関のようでした。院生は相談室でクライエントを担当し、毎週の事例検討会がメインの授業でした。誰かが自分の事例を一時間くらいかけて発表し、それについて検討がなされます。そのときの河合隼雄のコメントがすごかったです。心理療法の訓練では、自分の担当している事例について個別に指導してもらうスーパーヴィジョンや、事例検討会が欠かせません。その際に、指導を受ける発表者ではなくてコメントをする人の方がむしろ試されていることが多いのです。また心理療法というのは、わかればわかるほど何も言えなくなります。そのためか、えてしてわかっている人は黙っていて、ピント外れの発言がフロアから多くなされて、違和感が広がることになります。

その中で河合隼雄が最後に発言すると、非常に気持ちがおさまりました。ピント外れの発言が正され、何か自分が漠然と感じていたことが言葉にされていきます。また事例検討のときに、箱庭などのイメージの細部を見て読み取っていることに気づかされました。

河合隼雄の京都大学の事例検討会での発言は、『生きたことば、動くこころ――河合隼雄語録』で読むことができます。これは検討会の最後に、事例から一般化させた発言の記録です。また具体的な事例についてのコメントこそ洞察に富んだものだったのですが、それは例えば、「家を背負うということ」(本書、一四〜六三頁)で読むことができます。

そのような臨床上の訓練は非常に興味深かったのですが、他方で私はますます哲学・思想に惹きつけられて、文学部の演習に潜りました。それはテキストを綿密に読んでいく方法で、後に知ったギーゲリッヒによる夢の内在的理解はそれに近いものがあります。

そのうちに私には、自分の体験から独自のテキストの読みが生まれてきて、ユングとハイデガーに共通するものを捉えようと構想していきました。そのテーマでチューリッヒ大学の哲学的心理学の教授の元で博士論文を書くことを計画し、スイス政府の国費留学に合格し、留学が決まりました。日本にいる限り、河合隼雄が唯一のユング派分析家資格取得者であったので、チューリッヒに行くと、少なくとも分析を受けてみようともくろんでいました。

スイス時代——二度目の再会

一九八三年七月に、博士課程二年だった私は、片道切符でスイスに渡りました。国費留学は一年ですが、もう一年延長できます。その後どうするかは後から考えようと思っていました。私はようやく解放されたと思いました。父から離れて自分の道を進めるはずでした。

ところが河合隼雄は私を再び追いかけてきました。一九八三年の八月、エラノス会議で講演する招待を彼は受けていました。エラノス会議とは、ユングや宗教学者のルドルフ・オットーが東西の思想の出会いを求めてはじめた学際的な会議で、スイスのイタリア語地域にある保養地アスコナで毎夏開かれたものです。エリアーデ、ポルトマンをはじめとする著名な学者が参加してきて、日本の鈴木大拙、井筒俊彦なども講義したことがあります。語学研修中の私は、休暇を申請して聴きに行きました。それは河合隼雄との思わぬ第二の再会となっていったのです。

そこで河合隼雄は、「明恵夢記における身体」という題で講演しました。私は聴いて感動しました。日本人の夢における異性像の弱さは、河合隼雄がこれまでも指摘していました。ところが鎌倉時代に生きた明恵が、戒を守りつつ、これほども女性像と取り組んでいたのは驚きでした。そして身体を拒否していた明恵が、晩年に身体と繋がっていくプロセスも、修論で心身症を扱い、身体とイメージの関係に関心を持っていた私には非常に興味深いものでした。また物語に構造を読み取っていく河合隼雄の強みがうまく発揮されていて、華厳絵巻での二人の僧の対照的な生き方の分析はとても説得力のあるものでした。

エラノス会議では、河合隼雄との二度目の再会の他に、私にとってはヴォルフガング・ギーゲリッヒとの出会いが衝撃的でした。哲学からユング心理学を捉え直そうというのは私の博士論文の発想と同じで、それから現在に至るまでの交流もはじまっていったのです。

河合隼雄の講演は非常に好評を博したため、エラノス会議が終了するまでのその後六年の間に五回の発表を行うことになりました(河合隼雄『日本人の心を解く――夢・神話・物語の深層へ』岩波現代全書)。私の方はチューリッヒ大学で博士論文を書き、しばらくして並行してユング研究所でも訓練をはじめ、後にイタリア語地域のルガーノで二年間心理療法家としてクリニックで働き、計七年間もスイスに住んだのですが、毎年アスコナでと、その前後にチューリッヒで河合隼雄に会うことになってしまいました。

五回の講演の中で、当時最も印象に残ったのは、「日本神話における隠された神々」です。既に日本神話において中心となる神は無為であるという中空構造は日本で発表されていました。しかし「隠された神々」として、ヒルコと片子の話を河合隼雄は初めてしたのです。ヒルコは、イザナギとイザナミが最初に生んだ神で、追放されてしまいます。アマテラスがオオヒルメとも言われるように、ヒルコは男性の太陽神とも考えられ、母性的で中空の構造を持った日本神話や日本人のこころから追放された男性原理とも考えられます。それには強い思いがあったのでしょう。河合隼雄は講演の最後に感極まって涙したのでした。

これらはエラノス会議の表の部で、言わば裏の部というのが、私にはとても重要なものになりました。エラノス会議では休憩時間にいろいろとディスカッションしたり、ディナー終了後から飲みに行ったりします。その交流がとても実り豊かで、楽しいものでした。ジェイムズ・ヒルマンをはじめとする人たちと飲みに行き、議論し、バカ話に話を咲かせているうちに、河合隼雄は先生ではない、父でもない、同僚なのだ、と思いました。どちらが上というのではない、水平的で対等な関係を持てる人だと思いました。

一度、河合隼雄がスイス滞在中にクライエントからの手紙を受け取った中に書かれた夢を見せてくれて、ディスカッションしたこともありました。夢の内容自体はおもしろくて、それについて議論をした後で、ヨーロッパで訓練を受けていた私には、その夢と現実の入り交じりようが不思議で、それを指摘しました。すると河合隼雄は「それがおもろいんや」と言って満足げに笑いました。エラノス講演で、『宇治拾遺物語』を題材に、河合隼雄は夢と現実の相互浸透について話し、また私も最近になってインターフェイスとしての夢の機能に注目しているのですが、当時の私にはあまりそういう発想はなかったのです。

エラノス会議は、京都から離れたチューリッヒだけでなくて、そこからさらに離れたアスコナという新たな場所を付け加えてくれました。アスコナは暗くまじめなドイツ語圏のチューリッヒとは異なり、陽光豊かで明るいイタリア語圏の町です。エラノス講演の中で、河合隼雄は、『とりかへばや物語』の舞台となる都、宇治、吉野という三つの場所を取り上げています。吉野は、都から離れた一番こころの深い場所を表していると考えられ、自我に近い人物像である中将は、吉野に行くことがありません。京都だとどうしても遠慮があったり、人の目を気にしたりするのに対して、そこから一番遠いアスコナという場所だからこそ、河合隼雄に親しく接することができたのです。離れているからこそ、また夏の数日という期間が限られているからこそ自由に接することができました。その気持を、自分と同じことを思っている人に代弁してもらいます。それは指揮者の佐渡裕さんが、追悼の文章として書いているものです。

「僕は河合先生のことを友達やと思っている。きっと先生も、僕がそう思うことを「そりゃそうや！」と喜んでくれてはると思う」（佐渡裕「先生と僕」『飛ぶ教室』二〇〇八年冬号）。

帰国後

一九九〇年に私は帰国しましたが、アスコナでのような河合隼雄との濃密な時間はもう訪れませんでした。京都では距離を取る必要があったのでしょう。また物語論を展開していった河合隼雄に対して、私はむしろ物語にならない弁証法的なこころの動きに注目しました。平板にならして物語にするのではなくて、こころの瞬間のダイナミズムを微分的に見ていくと、逆説を含んだ弁証法的なものになります。それを捉えたいと思ったのです。

その後河合隼雄が出版していった本はもちろんほぼ必ず読んでいて、おもしろかったです。しかしエラノス講演を生で聴いたときほどの感動を覚えることはもはやありませんでした。エラノス講演を踏まえて書かれた『とりかへばや、男と女』や、ヒルコのことも入れ込んだ河合隼雄の集大成とも言うべき『神話と日本人の心』もすばらしいとは思いましたが、もう少し踏み込めばよいのに、もっと書けるはずだという思いの方が強かったです。

二〇〇六年八月一五日朝に、私はドイツでのセミナーを終えて、日本に帰る機中でした。ヘッドホンをつけて、何気なく画面を眺めていた私は、高松塚古墳のカビに関するニュースに驚かされました。文化庁長官である河合隼雄が登場し、硬い表情で「国民のみなさまに謝らねばなりません」と頭を下げていました。

それが意識ある河合隼雄の言葉を聞いた最後でした。心配で連絡を取りたかったのですが、残念ながら取らずに終わりました。そして八月一六日の夜、五山の送り火とともにあの世に送り返される死者たちに誘われるように、河合隼雄は意識を失っていったのでした。

翌日に脳梗塞で倒れて入院しているという連絡が入り、病院に駆けつけました。事態は深刻でした。しかし私は、あれほど運の強い人が亡くなるはずがないとも思っていました。たとえば、ユング研究所での試験前にたまたまカラスの出てくる不思議な夢を見たので、よく調べてみていたところ、すぐ後にあった試験でカラスの象徴性について問題が出されたというエピソードがあります(『魂にメスはいらない』)。まだいろいろなことをやり終えていない中で、死ぬはずがないと思っていました。

ユングは六九歳のときに心筋梗塞で危篤状態に陥ります。ユングは地球を離れていって、この世ならぬ光景を見るのですが、ヴィジョンの中に主治医が登場して、地球に連れて帰られます。河合隼雄も戻ってきてくれるのではないか、と家族はこころを一つにしてできる限りのアプローチをしました。私も最初の方は、週二日病院に泊まっていました。一時は自律呼吸がかなり回復してきたりして、家族は最後まで戻ってきてくれるのを信じていました。しかし残念ながら意識は回復せず、翌年の七月一九日に亡くなってしまいました。

没後——三度目の再会

まだまだやりたいことがあったし、本人もまさか亡くなるとは思ってもいなかったでしょう。亡くなって数年たって、建築家の安藤忠雄さんが私宛の手紙に「今もって 残念です」と書いてくれたのは、多くの近しい人の気持ちを代弁しているのではないでしょうか。

河合隼雄はまだ途上でした。自分のアイデアがあってもそれを言葉にしていくのに時間をかける人です。ユング研究所で一九六五年に書いた資格論文を日本語ではっきりとした形にしたのは、実にそれからほぼ四〇年後のことです。また常に相手を考え、理解してもらえる範囲で書き、話す傾向を持っていました。少し余して書き、そのうちに書いてくれるだろうという予感をいつも残しています。しかしその予感が実現することはなくなったのです。

なかんずく、あれほど死について関心を持ち、自分の物語の大切さを強調していた人が、それに関連することをほとんど残さずに亡くなったのは痛恨の極みでした。遺稿や研究ノートを残すタイプの人ではありません。もう全ては終わってしまったと私は思いました。

しかし河合隼雄は、三度私を追いかけてきました。没後に、河合隼雄の著作に関する編集の仕事が私にまわってくるようになりました。丹念に読むことを強いられ、またもう新しい著作というのはなくて、これが完結したものだと思うと、著作が全く異なった姿で私の前に現れてくるようになったのです。この人の書いていることはすごいのではないか。それどころか河合隼雄は大切なことを書かずに終わったのでなくて、本当は既に書いていたのでないかという思いが強くなっていきました。

たとえば『河合隼雄のカウンセリング教室』は、カウンセリングの基本的なことを、実感し体得できるように書いてあります。カウンセリングにおいて、場所、時間、料金を決めて行うことは大切な原則ですが、なぜ時間を決めて行うのか、なぜ五〇分なのか、などについて巧みに説明してあります。この本を読むと、いかに著者が心理療法の原則を自分のものにしてきたかがわかり、また読者としてそれを追体験できるように書かれています。

多面的に活躍しましたが、河合隼雄の専門は心理療法です。岩波現代文庫の〈心理療法コレクション〉は、河合隼雄の心理療法に関する著作を没後に集めて編集したもので、『ユング心理学と仏教』も収録されました。これは河合隼雄の心理療法の本で最高傑作だと思います。

通常の心理療法はクライエント個人の性格に焦点を当て、個人的な治療関係に注目します。しかしこの本は、非個人的な心理療法を標榜し、また非個人的な関係性を強調しているのです。本書の序論でもふれたのですが、この本の最後のエピローグは、非個人的な関係と生、あるいは死について示唆するところが大きいです。

二人の旅の僧が、川を歩いて渡らなくてはならなくなります。そこに美しい女性がきて、川の中に入るのを嫌がっているように見えます。すぐさま一人の僧は彼女を抱いて、渡るのを助けます。もう一人の僧が後から、あの女性は助けを必要とはしていたけれども、抱いたのはよかったのかと考え続けていると言ったのに対して、助けた僧は「確かにあの女を抱いたけれども、岸に置いていった。しかしおまえはまだあの女を抱いているのか」と問い返します。

つまり女性に触れるなという戒にこだわっている僧は、たとえ行動では戒を守っても、実はエロティックな感情に囚われている。それに対して抱いて助けた僧は、実際に触れても、エロティックな感情に囚われてはいない。河合隼雄は自由だった僧に風を連想しています。風は人や物に触れ、運ぶけれども、一カ所に留まることがありません。確かに女性を抱いて運んだけれども、それは個人的なものではなく、非個人的な関係性なのです。治療関係とはそのようなものだと河合隼雄は示唆しています。

これは治療関係に限らず、人間関係全般について、またわれわれの存在についても言えることではないでしょうか。われわれの存在とは、つまり河合隼雄の存在は、はやき風のようなもので、実体としてはなくても、風としては常に残っていきます。そして河合隼雄は、まだ一九九五年当時には有名にはなっていなかった「一〇〇〇の風になって」を引用して、このエピローグを終えています。冒頭の部分だけ引用します。

一〇〇〇の風
私の墓石の前に立って
涙を流さないでください。
私はそこにはいません。
眠ってなんかいません。

これを読んで、河合隼雄は実は死についても十分書いているのではないだろうかと思いました。それをどう理解し、どう生きていくかはわれわれの課題なのではないでしょうか。「それではわれわれには一体どんな生き方があるのか、どういう死後の世界とつながるのかということに対しては、おそらく誰にもあてはまるような便利な答えはなく、個々人が努力してそれを発見してゆく、その過程こそがその人のかけがえのない人生だということになるのでしょう」(『こころの最終講義』)。

次第に河合隼雄を伝えていきたいという思いが強くなっていったなかで、追悼の意味をこめて河合隼雄の実像に迫る『臨床家 河合隼雄』、『思想家 河合隼雄』、それにユング研究所での資格論文の邦訳を中心とした『日本神話と心の構造』を出すことになりました。多忙な執筆者から原稿をいただくという作業は大変でしたが、これを通じて、養老孟司さん、谷川俊太郎さんなどと、はじめて会うことができました。私にとっては、これはこころの巡礼となっていきました。二〇一四年のはじめに、「明恵と熊楠」というテーマで対談した後で、中沢新一さんは「河合さんは嫌かもしれないけれども、河合さんに会うときは、半分河合隼雄さんに会っている」と言っていました。声には出しませんでしたが、「それでいいんですよ。私も同じで、中沢さんに会っているときは、半分河合隼雄に会っているんですよ」と私はこころの中でつぶやきました。このように私のこころの巡礼は続いていきます。

様々な著作を読み返し、生前に知っていた人に巡り会って評価を聞くうちに、河合隼雄のすごさを私は再認識していきました。河合隼雄のキーワードは「物語」です。私が以前に、物語よりも弁証法的な動きが大切だと思っていたころの会話が思い出されます。弁証法的な捉え方について河合隼雄は、「確かに正しいかもしらんけど、それは危ないんとちがうか。やっぱり臨床をやろうとすると、ゆっくりと物語がええんや」と述べました。年をとったせいでしょうか、今となっては私も河合隼雄の言っていたことが理解できます。

実は脳梗塞で倒れている間に、河合隼雄の申請していた『文化創造』というNPOが認可されました。遺族として五年は続けようと申し合わせて、支援してきました。しかしそれでは、あまり河合隼雄本来の仕事をサポートできないので、河合隼雄の思想の根幹である「物語」を中心に置いた財団を作ろうという気運が盛り上がってきました。このようにして、河合隼雄の仕事をプロモートしつつ、河合隼雄物語賞・河合隼雄学芸賞を出していくことを中心にした、財団の活動が構想されていきました。

もちろんこれは私一人だけで決められないことです。しかし二人の弟も同じ思いで、母も賛同してくれ、また多くの河合隼雄旧知の人たちに協力を得て、二〇一二年五月に河合隼雄財団を立ち上げ、二〇一三年には村上春樹さんにそれを記念する公開インタビューを行っていただき、また第一回の受賞作を発表しました。この活動を少なくとも三三回忌まで続けていきたいと思います。そのときに私は生きていても八二歳になっていますす。しかしたとえ私がもはや生きていなくても、誰かが三三回忌まで続けてくれるでしょう。

そしてその後はどうなるのでしょうか。ここでは河合隼雄との三度の再会としていますが、この後に実は四回目の再会があります。それは私がもはや存在しない出会いです。つまり河合隼雄を慕い、想う人たちがいなくなって、河合隼雄がいわば近親リビドーから解放されたときに、どのように人々から迎えられるかです。それは歴史が応えてくれるでしょう。河合隼雄は、忘れられるかもしれない。あるいは人や作品として残っていくかもしれない。本人は忘れられても、もたらした風が受け継がれていくかもしれない。

私にとって河合隼雄はいまだに対話する相手です。著述の現代性に驚かされることがあります。たとえば近年に発達障害が増えています。発達障害では主体性の弱さが中核的な問題なので、心理療法において主体が立ち上がることが肝であり、またその主体は必ずしも自我主体に限らないことに私は気づいていきました(『大人の発達障害の見立てと心理療法』)。それについても、河合隼雄は既に示唆的なことを書いていました。「わらしべ長者」の話で、全く受動的で、主体性のなかった主人公が突然に立ち上がります。

「若い侍はとても受け身で、道中にふりかかってくるものをただ受け入れるだけである。しかしながら馬が死ぬところを見て、侍の態度は変わる。侍は積極的に馬を買おうとし、生き返るように観音様にお祈りする。馬が生き返るなど誰も思わないから、侍の側からするとこれは大きな賭である。この抜き差しならぬコミットがこの物語における転回点である。似た場面は多くの日本の物語に認められ、主人公の発達のための最も重要なポイントを成している」(『日本人の心を解く――夢・神話・物語の深層へ』)。

発達障害の心理療法をしていると、このような転回点が訪れることがあります。それについてさらに河合隼雄は次のように述べています。「自分の転回点が訪れているというのは、いつどのようにしてわかるのであろうか。それを決める基準は何なのであろうか。答えは明らかである。つまり「じねん」に従うのである」。

nature の最初の訳である自然《じねん》には、自という漢字が「みずから」とも「おのずから」とも読めるように、自我主体的で、「自発的に、自分の自由意志から」と「自然発生的に、ひとりでに」という両面が含まれます。それが主体なのだとして理解すると、発達障害における主体の確立のイメージと非常につながってくるのです。

このように河合隼雄は、いまだに大切な対話の相手です。直接対話できればどれだけよいだろう。亡くなってしまってとても残念です。でも生きていたら、お互いに遠慮があったり、意地があったりして、かなわなかったかもしれません。このように対話ができるのも、離れてこそ可能なのかもしれません。それが近親リビドーの秘密なのかもしれません。そのような想いも込め、最後に『こころの読書教室』から引用して終わりたいと思います。

「人間ていうのは、ほんとうに大事なことがわかるときは、絶対に大事なものを失わないと獲得できないのではないかなと僕は思います」。

（これは、二〇一四年一月二六日に、『上廣フォーラム〜日本人の生き方　「わが先人・師を語る」京都大学知の伝統』で「河合隼雄との三度の再会」として行われた講演を縮めたものです。これより長いバージョンは、『わが師・先人を語る１』弘文堂、二〇一四年に所収されています。ここに再掲を認めていただいた上廣倫理財団、および弘文堂に感謝します）

「インタビュー」

ユング派河合隼雄の源流を遡る

——日本ユング心理学会セミナー(二〇〇九年京都)

J・M・シュピーゲルマン
(聞き手＝河合俊雄)

河合俊雄(以下K)　おはようございます。今日は、午前中はシュピーゲルマン先生からお話していただき、午後は私がインタビューをして、なるべく色々なことを引き出したいと思っています。

皆さん御存知と思いますけれども、シュピーゲルマン先生は、私の父河合隼雄の最初の分析家で、先生に出会ったことによって、河合隼雄はユング心理学に出会ったと言えるのではないかと思います。私の父より二歳年上というご高齢ですが、頼みに応じてわざわざ来ていただけました。とても貴重な機会だと思っています。

シュピーゲルマン(以下S)　こういう機会を与えられたこと、そして皆さんの前で河合隼雄先生のことをお話できることをとても嬉しく思っています。

一昨日、妻や他の先生方と一緒に、河合先生のお墓のある奈良のお寺に行って来まし

左：シュピーゲルマン，右：河合俊雄

た。お墓参りをして、本堂の方に向かっている時、とても不思議なことが起こりました。空に虹がかかったのですが、弓形ではなく、太陽の周りを囲む円い虹だったのです。まるでマンダラのようで、河合先生が自分たちの来たのがわかって挨拶してくれているように思いました。

河合隼雄との出会い

S　これから河合隼雄先生との出会いをひとつの物語としてお話したいと思っています。

ある意味で、河合隼雄先生との出会いは、運命的なものでした。というのも、それは前もって告げられていたからです。

私はユング研究所を一九五九年に卒業しました。だから信じ難いことですが、五〇年間分析家を続けていることになります。私は、後に河合先生の分析家にもなるC・A・マイヤー(C. A. Meier)のところで分析を受けていたのですが、そこでの最後の夢がまさに出会いを告げるものでした。その夢を今から話したいと思います。

夢の中で、私はマイヤーの分析室に来ていて、そこでレスリングをしていました。とても激しいレスリングで、相撲のようでもありました。ただどちらも太ってはいませんでしたが。レスリングが終わると、お互いにお辞儀をして、私はそこを出ました。そして友人でもあったユング研究所の秘書に会い、お別れの挨拶をします。するといきなり母方の祖母が力強く現れて、ある建物を指さします。その建物には窓もドアもなく、でも屋根もないので上には開いていて、周囲は日が照っているのだけれども、その建物の上だけは星が輝いていて、その中で暗くて鋭い目つきをした男の人がひたすらものを書いていました。神的なものと議論し、書いているわけです。

夢はまだ続いていきますが、ここでこの夢に少しコメントを入れてみたいと思います。この夢は色々な未来の出来事を先取りしていました。たとえばこの鋭い目つきの男の人はものを書いていましたが、私は七年後になって本を書き出し、全部で二〇冊の本を書きました。この男の感覚機能は、私のよりもひどく、建物の中に閉じこもって、元型的なものとだけ対話していました。だから私の本はそんなに売れなかったのです。

夢はさらに続き、このあと変わった船に乗ります。それは陸の上も海の上も走れる船で、船長がいて、私は一等航海士でした。実際、私は第二次世界大戦の時に人員や兵站を輸送する海軍の部隊で幹部候補生と二等兵をしていましたが、この夢では位はもっと上で、船の中の一番の士官だったのです。その船は甲板が円状に回っていて、太陽に向かって進んでいました。そして船はアルプスを越え——できないはずだけれどそうして——地中海を通って、南アメリカを回って、私の住んでいるロサンジェルスに着きました。そこで船はトラックに変わり、航海士の一人がカリフォルニアのパサディナで降りました。パサディナはロサンジェルス郊外にあり、有名なアメリカンフットボールのローズボールが行われる場所として皆さんも御存知かもしれません。これもとても予兆的で、当時妻は一人目の子どもを妊娠中で、でも私は何も仕事が無く、パサディナで産業カウンセラーのような仕事のオファーを受けて、そこで一年半くらい仕事をし、ようやくオフィスを開けるようになったのです。

夢の最後で船長と私は、ロサンジェルスの港であるサンタモニカに行き、そこから太平洋の彼方を見ると、何と西から太陽が昇って来るところでした。それで二人とも驚き、私は太陽の昇ってくる地を見ているという感覚とともに目を覚ましたのです。夢はこれで終わりです。

九カ月後、私はUCLAでロールシャッハを教えていたのですが、そこの教授で私の先生でもあったブルーノ・クロッパー(Bruno Klopfer)の所に、日本からフルブライト奨学金を得て、学者がやって来ました。それが河合隼雄でした。

クロッパー先生は私に分析を受けるよう、河合隼雄に示唆して、彼はとてもびっくりしたと思うけれども、二年間にわたって私に分析を受けることになりました。そして御存知のように、私のところで分析を受けた後、一度日本に戻ってからチューリヒに行って、私の先生たちであるマイヤーなどのユング派の分析家の所で学ぶことになったのです。

そして彼は日本に戻り、日本におけるユング心理学の創始者になりました。それが自分の夢の中に現れていたのではないでしょうか。それは東洋と西洋の出会いであって、それが後に続いていったのです。

河合隼雄の分析

S　二年間の河合先生の分析について、少しお話ししたいと思います。京都大学と京都文教大学でも少しこの話をしたのですけれども、その時に学生・院生と話して、とても感銘を受けました。驚いたのは、その中の何人かの人は河合隼雄に会ったことがない。しかし彼の本を読んで、そういうつながりでユング心理学をやってきたというのがとても驚くべき事だと思いました。

河合隼雄はアメリカに来た時、とても自然科学的な姿勢を持っていて、ロールシャッハをもっと詳しく学びたいと思っていました。ですから分析とはいったいどういうものか、全然知らなかったわけです。最初に「何をするのか」と聞かれたので、自分の生活、人生について何でも思いつくことを話したらいいし、特に夢や自分のファンタジーを語ることが大事だと言いました。

彼の答えは、「夢なんて科学的ではない」というものでした。そこで私は、そういう態度は科学的ではない、科学的というのは経験的であるということ、経験に対して開かれていることだと言いました。だから開かれた心を持っていないといけない、夢というのは何かということに対して、開かれていることが大事なので、試してみないといけないと。すると知的で柔軟で、開かれた心を持っていた彼は、ＯＫと言いました。

分析を始めてみると、皆さん想像がつくでしょうけれども、たちまち彼は重要な夢を見始めました。その中に、東ヨーロッパの色々な国の硬貨を交換するという夢がありました。彼の魂の中で色々な価値や文化の交換がすでに起こり始めているような夢が出てきたのです。

分析が続いていくうちに、彼はとても変わっていきました。河合隼雄はある意味で典型的な第二次大戦後の日本人で、とても教養があり、西洋人よりも西洋的だったのです（笑）。その彼がだんだんと日本の魂といっていいものに触れるようになって、彼の夢はずっと詩的に、昔話のようになり、そして宗教的な内容を含むようになってきました。しかし当時の彼はどんな宗教からもかけ離れた存在で、唯一の宗教は科学だけでした

(笑)。

彼はアナリザントと言うよりは同僚でしたので、分析はしていたけれども、伝統的というか普通の分析ではありませんでした。それで、妻と一緒に彼を夕食に招待したことがありました。皆さんの中で分析を受けている間に分析家と夕食を共にした人がいるかどうかわかりませんけれども(笑)。その時、彼はフルートを持ってきて、夕食のお返しに吹いてくれました。とても美しかった。

その夜、彼はまだ私には話していなかった夢の話をしました。その夢に出てきたのが、英語で、"truth lies here"。「真理はここに存する」とも、「真理はここでウソをつく」とも読める言葉です。その話に妻はとても強い印象を受けて、その言葉をタイルで綴ったプレートを作って彼に贈り、彼はそれをオフィスに飾っていました。そのプレゼントのお返しに、彼は妻を国際ウソツキ連盟の総裁の座につけてくれました。どうもメンバーは二人しかいないようですが。

滞在が終わりに近づいた頃、河合隼雄は目幸默僊先生を私に託しました。目幸先生は一七代目の僧で、アメリカに仕事をしに来ておられました。私は四年間目幸先生の分析をし、それ以来ずっと日本の人が私の分析を受けるようになっていきました。

河合隼雄との再会

S　私は一九六三年にもう一度チューリヒに行く機会を得ました。これはアメリカで言う一〇〇マイルチェック、車検のようなもので、しばらく走ったあとで車がちゃんとしているかチェックするように、分析を続けてよいかどうかチェックしてもらうために、再度分析を受けに行ったわけです。その時、河合隼雄も家族とチューリヒにいたのです。

たまたま当時、一九歳の甥が世界中を旅行していました。六〇年代はヒッピー世代とかで、世界中を旅行する若者が大勢いたのです。その甥と一緒に、河合隼雄の家を訪問しました。その時あなたはいくつでしたか？

K　五歳か六歳です。弟が一人だったか二人だったか……というのは、一番下の弟が三月生まれなので。

S　そうですね、お子さんは二人だったと思います。そしてあなたはまだ分析家にはなっていなかった(笑)。その時、お昼と夜一緒にいて、甥は一日を日本で過ごしたと言って喜んでいました。

K　これは母から聞いたのですが、'you'を招待したけれども、英語の'you'はたちが悪くて、一人か二人かわからない。シュピーゲルマン先生はもちろん、'yes, we two'と思っておられたでしょうけれど、なにせ切り詰めた生活をしていて物資が限られているので、どうしようかとだいぶ考えたようですが、二人分のディナーを用意した。そうしたら二人来て「まあよかった」と。

S　非常に賢明な対応です。妻が来ると思われたかも知れないけれど、妻は来ていませんでした。アメリカでウソツキクラブの方が忙しかったのかもしれません。
その時、河合先生はチューリヒに来てとてもよかったと言っていて、自分の人生がもう本当に変わってしまったと感じていました。このことは、彼の人生だけでなく、皆さんの人生も変えたと私は思います。彼はユング心理学だけでなく、スイスで学んだこと、中でも特にドラ・カルフ(D. Kalff)から学んだ箱庭療法などを日本にもたらして、それを広めたからです。

それからしばらく河合先生に会うことはありませんでしたが、一九八二年に河合先生が東西会議をオーガナイズして、私と目幸默僊先生を招待してくれました。それを喜んで受けたわけです。日本での歓待はとても嬉しいものでした。

その時のある晩、河合隼雄先生、目幸先生や私が、完全に酔っぱらってしまったことがありました。それはとても楽しかった。日本の中世に戻って来たような気がしました。というのも、私のとても好きな映画は『羅生門』なのです。

河合隼雄の印象

S　皆さん河合隼雄先生に会ったことはありますか。……かなり多いですね。河合隼雄についての私の印象を少し付け加えますと、最初の印象はとても知的な人というものでした。隼雄という自分の名前は「すばやい」という意味だと教えてくれましたが、名前の通りのすばやい男でした。

K　食べるのも速い。

S　とても速い。ともかく速いという印象と、それからとても頭の回転が速いユーモアのセンスがあり、それに理解するのが速かった。

K　それはどういう意味で速いのですか。

S　内容、それからそのコンテクストを摑むのが速い。非常に広い視野を持った意識がありました。もちろん最初はとても科学的な意識を持っていて、それは退屈だし、ユング心理学にとってはとても不適切なものだけれども、自分の魂・心とのつながりを持ったとたん、それはたちまち開けて行きました。

何回か分析のセッションが終わった後で、河合隼雄が変わってきて、競争的な感じになってきたので、どうしたのかと聞いたら、自分はいま侍になろうとしているのだと言いました。私はそれはいいと思いました。なぜなら私が自分の分析家とレスリングをするのだから、彼も彼の分析家とレスリングができるわけです。

西洋と東洋

S　ということで、一応話そうと思っていたことは話してしまいました。皆さんの方から質問してもらっていいのではないかと思います。

聴衆　河合隼雄先生が科学の頭から魂に出会った転換点ですが、じわじわと変わってきたのか、それとも何かきっかけがあってがらっと変わったのか……。

S　それはだんだんと起こっていったのですが、やはり自分の夢のインパクトが大きかったのではないでしょうか。夢を見始めることによって、自分の魂との対話ができるようになり、変わっていった。だから何か劇的な出来事があって改心したみたいな(笑)、そういうものではありませんでした。

大事なことは、何か自分たち二人よりもより大きなもの、より広いものが魂の中にあって、それを一緒にやっていったということだと思います。確かに個人的にも、たとえば高校時代に日系二世の人ととても親しくしていて、その人たちが戦争中にひどい目にあったのを見てきたりといったことは色々ありますけれども、より大きな動きの中で、自分たち二人はその一部だったのだ、という感じだと思います。

聴衆　私は直接は河合先生を知らなくて、本を通して出会っているのですが、お話を聞いているとあたかも会ったことがあるように感じられます。河合隼雄先生にとっての西洋の意味、そこから逆に、シュピーゲルマン先生にとっての東洋の意味とはいったい何でしょうか。

S　個人的には、高校時代に日本人の友だちがいました。あのころ戦争で日系人が収容されたので、コンタクトをとれなくなってしまったのですけれども、卒業証書を貰えなかったことなど日系人の扱いについて私が新聞に投書し、それによって彼らが卒業証書を貰えることになって、それでまたコンタクトを持てるようになりました。その関係は今でも続いています。

もう少しちがうレベルでは、私はより広い世界に生きています。第二次世界大戦の時、水兵として世界のあちこちを旅しました。戦争は残念だったけれども、旅ができたのは自分にとって幸せでした。カルカッタに行ったり、アラブや北アフリカなどあちこちを旅したりして、マルコ・ポーロのようでした。

それから、自分が分析を受けている時に見たとても大事な夢があります。神の子が生まれた夢で、その子は男か女かわからないけれども、それに付き添っているのがキリスト教のカトリックの神父と、ユダヤ教のラビと、日本の僧でした。後になって書いた本も、ユング心理学におけるプロテスタンティズム、ユング心理学におけるユダヤ教、ユング心理学におけるユング心理学などで、それが自分にとって非常に大事で関心があることでした。アジアや東洋の夢もよく見ました。

河合隼雄の場合、西洋から非常に影響を受けていて、彼にとって西洋とは最初は合理主義だったのです。でもそれは変わっていって、日本の昔話についての本も書いたし、明恵という仏教の僧についての本も書いた。それは当初の彼にとっては考えられないことだったのではないかと思います。

皆さんがユングというスイスの老人に惹かれるのも、神話というものが壊れていくなかで、自分の中に深く入っていくことを通じて自分の源泉につながり、それが様々なところに表れてくるということだと思うのです。

聴衆 自分の中に東洋と西洋の戦いがあって、その中で何をすべきかを心理学などから学んでいこうとしているのですけれども、答えがみつかりません。本から答えを得ようとしたり……。

S 葛藤があるのは自然なことです。ユングが言っているのは、心は対立によってできていて、葛藤しているとか、葛藤に耐えられるということが、大事ではないかと。そうしているうちに、何らかの統合が起こることがあります。

本を読むことについて言われましたが、皆さん禅の十牛図を御存知だと思います。禅の十牛図は、個性化の過程を示してくれていると思うのです。色々なヴァリエーションがありますが、一枚目の絵では牛を探していて、二枚目では本を読んでいる。仏典を読むことによって牛を探すわけです。それから牛を見つけて、牛とレスリングをする。この牛というのは、self、すなわち自己の動物的なもので、それと格闘しないと何も出てこないのです。そして東洋の面白いところは、牛との関係です。スペインの闘牛では牛を殺してしまう。けれど十牛図では、牛に乗って笛を吹いて帰っていく。そこには動物的なものと調和があります。だから葛藤があるとか本を読んでいるとかいうのも、まあまあそれは初めのうちのことなので、心配することはありません。

残りの絵についてもう少し付け加えると、牛に乗って帰って自然と調和したあと、牛はもういなくなってしまって、一人で瞑想にふけっています。その次は牛も人もいなくなって、円だけがある。マンダラです。さらにそのあとマンダラはなくなり、自然だけがある。それから最後の図で、市場に「悟った人」と考えられる少し太った人が出てきて、若者に挨拶しています。その若者は以前の自分のようです。そういうところからも色々学ぶことができるのではないかと思います。

K　『ユング心理学と仏教』(1)に書いていますが、河合隼雄はシュピーゲルマン先生から十牛図を初めて見せられたと。

S　そうなのです。日本人が十牛図を知らなくて、西洋のユダヤ人から学んだというのもとてもパラドクスだと思います。

K　河合隼雄は合理主義者だったので、たとえば易なんて、あんなバカな事と思っていましたが、ユング研究所に行ってみると、易の講義があって、初めて易というものを知ったそうです。

S　そうです。宝物を見つける話は世界中にあって、遠くへ探しに行くけれども、結局は自分のところに戻ってきて見つけるという話が結構多いのではないでしょうか。東ヨーロッパのユダヤ人の小話で、よその土地に宝物があるという夢を見た人が、そこへやってきた。すると橋の下に番人がいて、何をしているのだと言うので、こういう夢を見たから宝を探しに来たと答える。すると番人は「夢を信じるなんてバカだ。自分は、バカなやつが宝を見つけに来るが、本当は宝はそいつの裏庭にあるという夢を見た」と言うので、そのユダヤ人はお礼を言って、戻って裏庭を掘ると宝が出てきた、というものがあります。

聴衆　先生は裏庭に宝をみつけましたか？

S　そうです、裏庭にも、他のたくさんの庭にも見つけました。

私の祖父は一八五四年に生まれて一九五一年に亡くなりました。とても古代的・太古的なお祖父さんで、自分にとってユングは精神的な祖父という感じですが、その生物学的な祖父もとても大事な人です。私が分析をはじめてすぐ、マイヤーの待合室に行くと、そこにゾーハルというユダヤ神秘主義の本が置いてありました。分析のなかで描いた絵の素材からアクティヴ・イマジネイション(イメージを想起して、それとの対話などを試みる方法)をしたあとで、五巻あるゾーハルの一冊を適当に開いてみると、その時のアクティヴ・イマジネイションと同じ内容が出てきたのです。もう死ぬほどびっくりしました。

私は一五年間ユダヤ教神秘主義には関わらずに来て、四〇歳になってから勉強をはじめたところ、ユダヤ教の伝統では四〇になるまでそういうことはしてはいけないとなっていることを見出しました。つまり私はよきユダヤ少年であって、正しい道を行っていたわけです。そしてそれからは深く関わるようになっていきました。その間ヒンズー教や仏教などさまざまな宗教についても勉強しましたが、それは知的という意味だけではなく、全部自分の夢に関係していたのです。

最初の分析

K　ここからは私がインタビューするという形で、進めていこうと思います。まず河合隼雄が分析をどうはじめたかというところですが、最初は分析とはどういうものか全然わかっていなかったのですね。

S　そうです。ゼロでした。

K　彼が書いたものによると、ユング心理学に興味を持って、クロッパーの助手の人にユング心理学とはどういうものかと聞いているうちに、クロッパーには「分析を受けたい」という話に変わって伝わっていったようなのですが。

S　河合先生は、ロールシャッハの世界的権威としてのクロッパーの所に研究に来たわけですが、クロッパーがユング派分析家でもあることは知らなかったのです。クロッパーは、日本から勉強に来てくれたことを評価していたのでしょう、私にも河合先生を紹介してくれました。私はチューリヒから戻って、一年前からクロッパーのところでテイーチングアシスタントをしていたところで、ロールシャッハについての本も一緒に書いていたので親しかったし、私に会うことは、河合先生がユング派について経験するのに都合がよいと考えたのです。つまりクロッパーは仲介者になっていました。

K　父は非常に奇妙な感じがしたそうです。というのも、ユング心理学に興味はありましたが、分析を受けたいと言ってはいなかった。しかしクロッパーに「分析を受けたいと言っているそうですね」と聞かれたら、そこが日本人の悲しさで、思わず「イエス」と答えてしまった。

S　(笑)

K　そうして先生に分析を受けることになったわけですが、最初の分析は非常に重要ですね。何か印象に残っておられることはありますか。

S　彼が日本人だとわかったのは、分析の時にカメラを持ってきたのです。

K　結構写真が上手だと思います。自分で現像したりしていました。

S　そして私の写真をとりました。普通のアナリザントではないですね。もちろん、どちらかと言えば形式を重んじてはいました。しかし確かにいま言われてみると、最初はクロッパーに失礼に当たらないように分析に来てみた、というところがあったのではないかと思います。五〇年経って初めてそれがわかりました。

河合先生は非常に礼儀正しく丁寧で、二人の接点であるロールシャッハのことを少し話しました。そしてユング派の分析とはどういうものかと聞かれたので、夢やファンタジーを扱うのだと言うと、それは科学的ではないという答えが返ってきたということです。こうして分析が始まったわけです。

彼の第一印象は、とても礼儀正しく真面目というものですが、ユーモアは最初から感じられました。お互いとてもユーモアを楽しめた、だけれども非常に真面目だなと思ったのです。

私は九カ月前に太陽が西から昇る夢を見ていたので、自分の運命がやって来たと思っていたのですが、気の毒な河合先生は自分がどんなはめに陥っているのか知りませんでした。

K　西から太陽が昇る夢を見たらお前がやって来たと言われたと書いています。それは最初の分析で言われたのではないですね？

S　最初の分析では言っていないと思います。自分はワイルドだけれど、そこまでワイルドではありません。

私のオフィスはビヴァリーヒルズにあったので、ロサンジェルスの西の方に住んでいた河合先生がちゃんと辿り着けるか心配だったのですが、バスに乗って来ると言って、無事やって来ました。それから料金について話し合い、一ドルだから心配しないでと言いました。

K　当時の一ドルですが、それでも安いですね。

S　最初のセッションではそんなことを話したと思います。河合先生が写真を撮っていたそのオフィスのことはよく覚えています。そこに七年間いて、次に通りを渡ったところに七年、それから自宅の近くに移ってそこには三〇年間いました。

祖父たち

S　インタビューしているあなたの立場はとても難しいのではないでしょうか。自分の父親の事を聞くわけで……。

K　私にとってシュピーゲルマン先生は祖父のようなもので、父とは二歳しか違いませんが、ある意味、自分の根っこを聞くというか……。

S　そういうニュアンスがあると思います。分析とはとても親密なものですけれども、それでもやはり、親子や恋人同士、友人同士の親密さに比べると、それは全然違うものです。

いま祖父と言われたのですが、私が最初に分析を受けた時、父方の祖父の夢をよく見ました。その祖父が亡くなる前の最後の一年間、彼の所に通い、父方の家族の過去の話を聞いてそれとつながろうとしていたのです。この感じは日本の人にはよくわかってもらえると思います。私が戦争に行く時、祖父は祝福してくれました。死なずに帰ってくるようにということです。私には生物学上の祖父とユングという二人の祖父がいると感じています。だからお祖父さんの話はよくわかるのです。あなたの父方のお祖父さんはどういう方ですか？

K　とてもよく覚えています。恐ろしく直観的で、説明や理由付けを必要としない人でした。禅が好きで、河合隼雄はもともと仏教が嫌いだったのですが、禅の言葉の幾つかは自分の父を通じて知っていたようです。『泣き虫ハァちゃん』(2)に出てくる父親のイメージ、あの通りの人だと思います。言葉は少なくても、存在感のある人でした。

S　一九八二年に日本に来た時、目幸黙僊先生に禅の老師の集まりに連れて行かれ、何の準備もなく一体何を話せばいいかわからなかったのですが、自分の祖父の話をしたのです。ユングの話もたぶん祖父の話の中に含まれていると思うのですが、自分の祖父がそこにいる祖父たちに話しかけているような感じで、とても伝わった気がしました。

アメリカとスイス

K　河合隼雄の場合、科学的というようなところでは西洋を大事にしていましたが、アメリカやアメリカ人はあまり好きではなく、そのことを分析でも批判していたのではないですか。

S　あまりそういうことはありませんでした。最初は西洋人よりも西洋的でしたが、そうではなくなると、自分とつながっていくことが中心になって、自分たちの関係の中ではそういう批判はほとんどなかったように思います。分析の中ではあまり問題になりませんでした。

ただ、やはり戦争が途方もない影響を与えたので、それを逆転したい、勝者と同一化したいというところはあったのかもしれません。東西の間での葛藤はあったと思います。

K　なぜそれを伺ったかというと、分析の中でものすごくアメリカやアメリカ人を批判していた河合隼雄が、ある時シュピーゲルマン先生に、そろそろ自分の講義に来てもいいのではと言われて行ってみたところ、講義中のシュピーゲルマン先生を見て、ああ、この人はアメリカ人だとびっくりしたという体験を書いています。そしてそれを分析で話したと。

S　どうでしょうか。私もアメリカに対して批判的だったので……。たぶん河合先生にとってスイスにいる時の方が幸せだったのではないでしょうか。私もそうでした。アメリカにいるよりスイスにいたほうが幸せだった。

K　私もそうです。一一年間住んだ国なので。

S　あなたも河合先生もそうだったというのは、やはり自分の魂を求めている、自分のもともとのものにつながっていたいという、とても現代的な問題があるのではないかと思います。そういう意味で、スイスのように非常に多民族・多国籍な国にいるとほっとするということがあるのではないでしょうか。

個性化の過程は、ある意味で疎外されていくことです。自分の生きている場所、自分の社会や周りの人からある種の疎外を感じる。疎外を感じたらどうするかというと、より深く進んで行くしかない。より深く進んだところでつながりを見つける、周りの人だけでなく、自然や石にまでつながりを見つけていくということではないでしょうか。

アメリカに日本が負けたことは、河合先生にとってとても大変だったのではないかと思います。幸い、河合先生は戦争が終わった時に一七歳とまだ若かったけれども、もっと上の世代ならもっと大変だったでしょうし、その重荷はとても大きかったのではないでしょうか。

K　事実はわかりませんが、実際の分析の中ではアメリカのことを色々言っていたのではないかと思うのです。しかし分析家であるシュピーゲルマン先生の中には残っていない。それは今の先生にとっては大事ではないからではないですか。先生の記憶に残っている重要なことは何でしょうか。

S　私も河合先生と私の関係で何が重要だったかを考えていました。河合先生と私は二人とも何か大きなことのエージェントであって、それぞれが自分の仕事をしていました。セラピストとしての自分の仕事を考えると、私の関心は、あなた方のような次の世代の仕事は何かということです。われわれは自分たちが超えてきた祖父の世代の物語を知りたいといつも思ってしまいます。そうすることで伝統とつながれるのですが、そこからどう新しい物語を作るかが大切です。だから今の人々はどういう課題を持っていて、どういう新しい物語があるのか、それを知りたいと思っています。

それぞれにとってのユング心理学との出会い

K　私の父が偶然ユング心理学に出会った話をしていただきましたが、先生の場合もユング心理学との出会いは偶然だったのですね。

S　そうなのです。

K　我々の世代は、昔と比べて多くの情報を容易に得ることができますが、逆にそれによって失ったものも大きいと思うのです。

S　私の場合、アメリカの魂に馴染めずに、スイスに行ってユング心理学を学んだというところがありました。今のようにこれだけいろいろなものが先にわかってしまうと、偶然性とか共時性が入ってくる余地がなくなります。そうするとどうなってくるのでしょうか。あなたの場合はどうですか。優れたお父さんに恵まれたことは、同時に大変な重荷でもあるでしょう。

K　質問すると、逆に質問されて私が答えています。だんだん立場が逆転しているのですけれども、後の世代にとってのことを考えてみると、もう既に道筋ができて、見えてしまっているわけなのです。ユング心理学もポピュラーになっている。こういう私たちの世代は、先生や父といった先達のようなワイルドな出会いはできなくなってしまいました。知っていることを知らないふりをして出会うことはできません。けれども、既に自分がその道に入ってから、あとになって「やはりそうだった、もうこれしかなかったのだ」というような、二度目の出会いや確かめが起こるのではないでしょうか。自分のことを振り返ると、そういうことが多いのです。

S　確かにそういうことはあるでしょう。それでもやはり私はもっとずっと恵まれた立場だったと思います。私の場合、第二次世界大戦そして朝鮮動乱と、これだけ平和な人間が二回も戦争を経験してしまいました。ただ二回目の戦争の時に、新婚ほやほやでしたが、コロラドデンヴァーの病院で軍のために仕事することになって、それにかこつけてうまく妻を家族から引き離し、そして軍のお金でスイス留学ができることになったのです。スイスの最初の夜、ちょうどクロッパーもスイスに来ていて、スイスの教授の所に連れて行ってくれたのですが、その時涙が出て来て止まりませんでした。これが自分のいるべきところなのだ、自分は前から知っている、という感覚でした。

K　分析を通じて河合隼雄はスイスに行くと決意したのか、先生が決意させたのか、どちらだったのでしょうか。

S　私が勧めたのです。やはり自分が受けた恩恵を彼にも受けてほしいというのがありましたから。

当時スイスに行くのは簡単ではありませんでした。天理大学に勤めていたし、どうやって奨学金を得るかとか、経済的にとても難しかったと思いますが、実際的な人でもあるので、その辺は上手くできたのではないでしょうか。

K　スイスのユング研究所とはどういうものか、どういう人がいるかということを、具体的に話されたのですか。

S　できるかぎり話をしました。当時は第一世代がいたので、とても素晴らしかったと思います。あなたもそこで学ばれたので、同じように感じられるでしょう。私の親しい友人でもある同僚で、河合先生を教えたアドルフ・グッゲンビュール(Adolf Guggenbühl-Craig)に分析を受けましたね。彼は第二世代ですが、とてもよかった。スイス人で、大地から生まれてきているという感じの人でした。

K　彼は昨年亡くなりました。

S　そうです。悲しいことです。誰もが死んでいく。

K　私の父の一周忌の前日(二〇〇八年七月一八日)でした。

S　アドルフ・グッゲンビュールも河合先生も亡くなりましたが、私は死ぬことを全然恐れていないのです。と言うのは、私は私の人生を生きていて、誰かの人生を生きているわけではない。ですからいつ死んでも平気なのです。それはアドルフ・グッゲンビユールも同じで、彼は「もう生きていたくない」と言って亡くなったと聞いています。

K　私は彼の息子のアランと親しいのですが、やはり「父はもうこれ以上みんなの助けを借りて生きていたくはないと、それははっきりしていたのではないか」と言っていました。

死について

K　死の話が出ましたが、河合隼雄にとって死はとても大事なテーマだったのではないでしょうか。小さい頃から死が怖かったことや、戦争で誰もが死を恐れていないのがとても信じられなかったことをあちこちで書いています。アメリカ留学中に病院でアルバイトをしていた時、そこで知り合った患者さんから、難病にかかっていて死なねばならないと告白されて、どうしたらよいか分析に相談に行って、シュピーゲルマン先生には死まで伴ってあげるのが大事な仕事だと言われたけれど、とても自分はそんなことはできないと断ったという話もあります。先生は死についてはどう考えておられますか。

S　自分の父の死についてはあまり覚えていないのですが、母の方は覚えています。それから妻の母が亡くなった時がとても印象的で、私が一九八二年に日本に行った時、もう末期がんだったのですが、日本から帰ってくるまで生きていて欲しいと言って出かけました。そして私が戻って、挨拶をして、その翌晩、妻と両方から手を握ってあげている間に亡くなったのです。そういう死はなかなか味わえるものではありませんが、良い死を迎えるということは素晴らしい。

ただ、自分が死ぬことについてはまだ真剣に考えられていません。と言うのも、私の祖父は九七歳で自ら決意して死に、二人の祖母は九二歳と九三歳、父は九四歳、母は九七歳で亡くなっているので、私なんかはまだ若造のうちに入るのです。

K　長寿家系ですね。父とは死について話しませんでしたか。

S　話し合ったことはあるのですが、それほど中心的なテーマではありませんでした。スイスではそういうことはあったかもしれないけれども、私は知らないのです。

K　河合隼雄がアメリカに行った時、彼は三一歳、シュピーゲルマン先生は三三歳でした。分析の中でそれほど中心的なテーマにはならなかったのには、そういうライフステージも関係ありますか。

S　私は死を文字通りに取り過ぎることは問題ではないかと思います。心理学的にはわれわれはしょっちゅう死んでは甦っているのです。私も結婚式の前の晩、自分が死ぬ夢を見ました。その次にダイアモンドを花嫁にあげる夢を見た。その時二七歳でしたが、そういう形で死んで、自分の新しい生が甦ってくる。自己を花嫁にあげる、それが再生なのです。自分は死んでいく人々とたくさん仕事をしてきましたけれども、死を具体的に取り過ぎるのが問題で、死が怖い人は、それまで充分に生きてこなかった、だからまだ生きることがあるということが大きいのです。逆に自分の人生を生きてきたら、死は別に怖いものではないのです。

分析について話す難しさ

S　ここまで話してきて気づいたのですが、分析に関わることは、秘密保持の問題があって、なかなか話しにくいところがあります。別に自分に制限をかけているわけではないのですが。

K　私も今まで話してきて、自分の中に感覚のようなものは残っていても、具体的なこととしてはあまり語れないなあという印象を受けました。話そうとすると、自分が刺激を受けてどうなったかという話の方がむしろ出てきます。自分のストーリーは思い出せても、相手のストーリーがどうだったかは、あまり残っていないのかもしれない。相手に渡してしまっているような感じがあります。ケースファイルを持ち歩いて、ああこの夢ね、とかそういうわけにいかないので難しいと思います。

S　私はスイスから戻って六カ月くらいで、記録を取るのをやめてしまいました。記録のための記録になってしまって、相手に出会うということができないからです。だから記録を探そうにもないのです。

K　それでも夢の記録はもらうのではありませんか。河合隼雄の分析の時の夢の記録はないのですか。

S　確かに幾つかありましたが、口頭で聞いた夢が多かったのです。今、「相手に渡してしまった」と言われましたが、私は分析に対してそういうイメージは持っていないのです。分析とは道行きを共にすること、共にしているうちに始まるプロセスに自分も参加をする。だから自分が与えたものがあるとしたら、注意を払うということ、分析のあいだ一緒にいたということ以外にはないのです。

アレンジされた出会い

K　シュピーゲルマン先生自身がどうしてユング心理学に出会ったかを知っておくのも大事ではないかと思います。河合隼雄の場合は、偶然が重なって最後は分析家の元に強制連行されてきたという感じでしたが、先生の場合はどうでしたか。

S　私は一九四八年に大学で心理学を学び始めましたが、それは三番目の選択でした。最初は自然科学、次が文学、それから心理学だったのです。私が大学に入ったのは非常に早くて一六歳の時でしたので、兵役までまだ二年ありました。最初の一年ですぐ物理学をあきらめ、海軍に行っている間に海軍の小説を書きました。ジャック・ロンドンという有名なアメリカの作家が、海軍に行って、そこをやめてから『野性の呼び声』などの小説を書いてあたったので、自分も小説を書いたのです。しかしそれは出版されなかった。そこで心理学の教授も悪くないのではないかなと、心理学の勉強をはじめたのです。

ある日「心理学における批判的な問題」という最初の講義の一つを受けていて、芸術についての法則を心理学的に考えるというので、私は「そんなのナンセンスだ」と教授に言いました。その時、たまたま隣に座っていた四二歳の人が、私の筆跡を見て、「とても面白い。とても音楽的だ」と言ってくれたのです。その人は筆跡学をやっていて、ドイツ語のアクセントがあり、自分はユング派の分析家だと言いました。ユダヤ系ドイツ人に見えたので、「ユングはナチじゃないのか」と聞くと、「そうではない」と。彼自身、強制収容所から出てきた人でした。当時アメリカで心理学の資格が問題になっていて、ドイツの資格が通用しないので、大学に来ていたわけです。しかし彼は講義を聴いて、これは違うとわかった。そこで彼にユング心理学とはどういうものか教えて欲しいと言うと、一回自分の家に遊びに来いということになったのです。それが始まりでした。

彼はマックス・ゼラー(Max Zeller　ドイツ語ではツェラー)と言って、ロサンジェルスのユング派の創始者四人の一人で、三〇年代の終わりにドイツから逃げてきた人でした。彼の家は、本がたくさんあり、絵が飾られ、ピアノが置いてあるヨーロッパ風の家で、私はとても気に入りました。その時お茶をサーブしてくれた一〇歳の息子さんは、後に私の分析を受けることになった人です。ユング心理学とはどういうものか聞いてみると、一つ夢を話そうと言って、アナリザントの夢を話してくれました。それは昔話のようで、「これこそが自分が探していたものだ」と私は言いました。アメリカの心理学は当時も今も行動にしか関心がない。心に関心を持っていないのです。

本当に面白いと思ったので、それを自分も知りたい、共有したいと思い、分析家になるためではなく、大学で学んでいることから逃れて息をつくために彼の所に通うようになりました。そしてティーチングアシスタントになったりしてお金ができてから、二年後に分析を受けはじめました。同時にロールシャッハテストをクロッパーに学ぶようになり、私の人生は変わったわけです。そういう意味でこれは本当に偶然なのだけれども、偶然ではない。

K　裏庭ではなく隣の席で宝物を見つけた。

S　その人もユダヤ人であるし、私が祖父のところに通いつつ分析を受けていたのも、現代人の多くがそうであるように、私も自分の根っこから切られていたのが、こういう形でつながっていったと言えるのではないかと思います。

分析を始めてから、そのロサンジェルスの小さなユング派のグループのレクチャーに参加できるようになりました。彼らはヨーロッパのユング研究所の人を招待し、そこでマリー＝ルイズ・フォン・フランツ(Marie-Louise von Franz)、バーバラ・ハナ(Barbara Hannah)、イギリスのマイケル・フォーダム(Michael Fordham)、河合隼雄が大げんかしたヨランデ・ヤコービ(Jolande Jacobi)などの話を聞きました。これは素晴らしい、大学の心理学と全然違う、というふうにその世界に入っていったのです。

K　これもやはり偶然だけれども偶然ではない。

S　こういう時には自己がコンステレイト(布置)されていて、共時的な出来事が起こるのです。河合隼雄との出会いも、何かアレンジされているように感じました。

東西を超えたつながり

K　父との出会いもアレンジされていたと言われましたが、言葉の問題はありませんでしたか。父は学生時代、戦争中だったので英語教育をろくに受けていませんでした。当時、勉強ができる子は三高か姫路高校から京大へ行くところを、彼は士官学校へ行くのを拒んだせいで姫路高校を落とされて神戸高等専門学校に行ったため、そのことがコンプレックスになっていました。英語は本当にできなくて、よくフルブライトに通ったというくらいです。

S　私の祖父がアレンジしてくれた。

K　アメリカに行っても、たくさん愉快な失敗をしているのです。

S　でも分析の中では全然困ったことはありませんでした。

K　シュピーゲルマン先生はとても勘がよくて、日本語で話したことを通訳されなくてもわかったりするので、そうやって通じてしまうところがあったのではないですか。

S　私がスイスで訓練を受けていた時、マリオ・ヤコービの紹介で、ドイツ語を話すチューリヒ大学の学生の分析をしたことがあるのですが、私のドイツ語は上手ではなく、その学生は自分の分析家は何語をしゃべっているのかわからないという夢を見たのです。けれどもマリオ・ヤコービが見ていると彼はとても進歩していたそうです。だから言葉はそれほど関係がないのかもしれません。ユング派の分析では象徴的な言葉が大事なのです。

義理の父が晩年衰えて、何を話しているかわからなくなってしまったのですが、何となく通じ合うことができたということがありました。また精神病院で仕事の訓練を受けていた時も、象徴的な語りに馴染んでいたので、本当に狂気になってしまった人のことも充分理解できたのです。

K　よく知られている話で、先生がどういう風に覚えておられるか、聞いてみたいことがあります。父は分析に一ドルしか払っていないので、申し訳なく思って、先生にクリスマスプレゼントを差し上げようとした。先生は断られたのですが、父が説得して……。この話は覚えておられますか。

S　覚えています。お金の事は、たぶん宗教やセックスよりもっと難しいかも知れません。彼が来た頃、私たちのローカルなグループには、アナリザントを安い値段で診るという義務があり、私はそれで満足していました。河合先生は海外から来た優秀な人で、私の夢をかなえているわけですから。そして分析においては贈り物をもらってはいけないことになっていて、それは特に精神分析では厳しいルールです。というのは贈り物を受け取ると、分析の仕事で妥協してしまうことになるからです。だから私はそのルールに従おうとしたのですけれども、河合先生は文化による違いを説明してくれた。河合先生が説明して、お辞儀をしてプレゼントをさし出してくれたので、私はそれにとても感動して、お辞儀をしてプレゼントを受け取りました。

スイスから帰ってから、色々な文化の人と仕事をしました。羅生門の最後のシーンで、木こりが子どもを僧侶に預けるシーンがあって、その時にお辞儀をする。そういう瞬間が文化の違いを超えて起こることがあるのです。

K　時間も過ぎていますし、そろそろ終わりたいと思います。インタビューしていると、父に対するシュピーゲルマン先生の熱い思いが伝わるような気がしました。はるばる来てくれた先生に本当に感謝したいと思っています。

[文献]
（1）河合隼雄『ユング心理学と仏教』岩波書店、一九九五(岩波現代文庫、二〇一〇)。
（2）河合隼雄『泣き虫ハァちゃん』新潮社、二〇〇七。

J・M・シュピーゲルマン　J. Marvin Spiegelman
一九二六年生まれ。カリフォルニア大学ロサンジェルス校臨床心理学科卒業。Ph.D. ユング派分析家。邦訳書に、『仏教とユング心理学』(共著、春秋社)、『心理療法家の自己開示と傷つき――心理療法における相互的プロセス』(山王出版)、『能動的想像法――内なる魂との対話』(共著、創元社)など。

本書は二〇〇九年九月、岩波書店より刊行された。現代文庫化に際し、「河合隼雄語録――事例に寄せて」(抜粋)と「河合隼雄の心理療法」の二論考を割愛し、河合俊雄による新たな論考を収録した。

[資　料]

河合隼雄年譜

1928年(0歳)	6月23日　兵庫県多紀郡篠山町(現在の篠山市)に男7人兄弟の5人目として生まれる．
1932年(4歳)	2歳下の弟を亡くす．
1944年(16歳)	旧制中学4年で，陸軍士官学校の推薦を受けたが断る．そのために姫路高校を落とされ，神戸高専(神戸工業専門学校)に進学．
1948年(20歳)	京都大学理学部に合格．
1950年(22歳)	大学3年生の時に，進路に悩み，留年を決意．
1952年(24歳)	京都大学理学部数学科卒業． 奈良育英高等学校数学教諭．そこで社会科の先生をしていた嘉代子と知り合い，3年後に結婚． 京都大学大学院文学部にて心理学の勉強をはじめる[～1961年]
1955年(27歳)	天理大学講師[～1962年]
1959年(31歳)	アメリカカリフォルニア大学ロサンゼルス校心理学部大学院(フルブライト留学生)[～1961年] ロールシャッハのクロッパー教授のもとで学ぶと同時に，シュピーゲルマン博士に，ユング派の分析を受け始め，ユング心理学に傾倒していく．
1962年(34歳)	天理大学助教授[～1969年] スイスチューリヒユング研究所留学[～1965年]
1965年(37歳)	ユング派分析家資格取得(日本人初)．
1967年(39歳)	京都大学教育学博士．ロールシャッハをテーマとしたもの． 単行本初出版(『ユング心理学入門』培風館)．
1969年(41歳)	天理大学教授[～1972年]
1972年(44歳)	京都大学教育学部助教授[～1975年]

1975年(47歳)	京都大学教育学部教授[〜1992年]
1980年(52歳)	京都大学教育学部長[〜1983年]
1982年(54歳)	大佛次郎賞(『昔話と日本人の心』岩波書店)受賞.
1983年(55歳)	エラノス会議ではじめて発表. 以後常連となり, 88年まで5回発表. 貴重な発表・意見交換の場となる.
1985年(57歳)	日本心理臨床学会理事長[〜1991年]
1987年(59歳)	国際日本文化研究センター研究部教授(併任)[〜1990年]
	京都大学学生部長[〜1989年]
	日本箱庭療法学会を設立.
1988年(60歳)	新潮学芸賞(『明恵　夢を生きる』京都松柏社)受賞.
1989年(61歳)	日本臨床心理士会会長[〜2007年]
1990年(62歳)	国際日本文化研究センター研究部教授[〜1994年]
	国際箱庭療法学会会長[〜1995年]
1992年(64歳)	京都大学名誉教授.
	国際日本文化研究センター研究部研究調整主幹.
	日本心理臨床学会賞受賞.
1994年(66歳)	学術審議会委員[〜2000年]
	国際日本文化研究センター名誉教授.
	プリンストン大学客員研究員. 充電期間となった.
	日本心理臨床学会理事長再任[〜1997年]
1995年(67歳)	紫綬褒章受章.
	国際日本文化研究センター所長[〜2001年]
1996年(68歳)	日本放送協会放送文化賞受賞.
1997年(69歳)	宗教法人審議会委員[〜2001年]
	中央教育審議会委員[〜2001年]
1998年(70歳)	朝日賞受賞.
1999年(71歳)	「21世紀日本の構想」懇談会座長.
2000年(72歳)	教育改革国民会議委員[〜2001年]
	文化功労者顕彰.
	文部科学省顧問[〜2002年]

	財団法人 日本臨床心理士資格認定協会理事[～2002年]
	日本心理臨床学会理事長再任[～2003年]
2001年(73歳)	日本ユング心理学会を設立.
2002年(74歳)	文化庁長官[～2007年]
2004年(76歳)	国際分析心理学会にて招待講演(バルセロナ,「聖フランチェスコと明恵」).
2006年(78歳)	特定非営利活動法人 文化創造を設立.
2007年(79歳)	7月19日逝去.
	正四位瑞宝重光章受章.

(監修：河合俊雄)

臨床家　河合隼雄

2018 年 4 月 17 日　第 1 刷発行

編　者　谷川俊太郎《たにかわしゅんたろう》　河合俊雄《かわいとしお》

発行者　岡 本　厚

発行所　株式会社　岩波書店
〒101-8002 東京都千代田区一ツ橋 2-5-5

案内 03-5210-4000　営業部 03-5210-4111
現代文庫編集部 03-5210-4136
http://www.iwanami.co.jp/

印刷・精興社　製本・中永製本

ISBN 978-4-00-600381-4　　Printed in Japan

岩波現代文庫の発足に際して

新しい世紀が目前に迫っている。しかし二〇世紀は、戦争、貧困、差別と抑圧、民族間の憎悪等に対して本質的な解決策を見いだすことができなかったばかりか、文明の名による自然破壊は人類の存続を脅かすまでに拡大した。一方、第二次大戦後より半世紀余の間、ひたすら追い求めてきた物質的豊かさが必ずしも真の幸福に直結せず、むしろ社会のありかたを歪め、人間精神の荒廃をもたらすという逆説を、われわれは人類史上はじめて痛切に体験した。

それゆえ先人たちが第二次世界大戦後の諸問題といかに取り組み、思考し、解決を模索したかの軌跡を読みとくことは、今日の緊急の課題であるにとどまらず、将来にわたって必須の知的営為となるはずである。幸いわれわれの前には、この時代の様ざまな葛藤から生まれた、人文、社会、自然諸科学をはじめ、文学作品、ヒューマン・ドキュメントにいたる広範な分野のすぐれた成果の蓄積が存在する。

岩波現代文庫は、これらの学問的、文芸的な達成を、日本人の思索に切実な影響を与えた諸外国の著作とともに、厳選して収録し、次代に手渡していこうという目的をもって発刊される。いまや、次々に生起する大小の悲喜劇に対してわれわれは傍観者であることは許されない。一人ひとりが生活と思想を再構築すべき時である。

岩波現代文庫は、戦後日本人の知的自叙伝ともいうべき書物群であり、現状に甘んずることなく困難な事態に正対して、持続的に思考し、未来を拓こうとする同時代人の糧となるであろう。

（二〇〇〇年一月）

G361
日本国憲法の誕生 増補改訂版
古関彰一

第九条制定の背景、戦後平和主義の原点を見つめながら、現憲法制定過程で何が起きたかを解明。新資料に基づく知見を加えた必読書。

G363
語る藤田省三
—現代の古典をよむということ—
竹内光浩
本堂明
武藤武美 編

ラディカルな批評精神をもって時代に対峙し続けた「談論風発」の人・藤田省三。その鮮烈な「語り」の魅力を再現する。岩波現代文庫オリジナル版。〈解説〉宮村治雄

G364
レヴィナス
—移ろいゆくものへの視線—
熊野純彦

レヴィナスが問題とした「時間」「所有」「他者」とは何か？ 難解といわれる二つの主著のテクストを丹念に読み解いた名著。〈解説〉佐々木雄大

G365
靖国神社
—「殉国」と「平和」をめぐる戦後史—
赤澤史朗

戦没者の「慰霊」追悼の変遷を通して、国家観・戦争観・宗教観こそが靖国神社をめぐる最大の争点であることを明快に解き明かす。〈解説〉西村明

G366
貧困と飢饉
アマルティア・セン
黒崎卓
山崎幸治 訳

世界各地の「大飢饉」の原因は、食料供給量の不足ではなく人々が食料を入手する権原(能力と資格)の剥奪にあることを実証した画期的な書。

2018. 4

G367
アイヒマン調書
—ホロコーストを可能にした男—
ヨッヘン・フォン・ラング編
小俣和一郎訳

ナチスによるユダヤ人殺戮のキーマン、アイヒマン。八カ月、二七五時間にわたる尋問調書から浮かび上がるその人間像とは？〈解説〉芝 健介

G368
新版 はじまりのレーニン
中沢新一

西欧形而上学の底を突き破るレーニンの唯物論はどのように形成されたのか。ロシア革命一〇〇年の今、誰も書かなかったレーニン論が蘇る。

G369
歴史のなかの新選組
宮地正人

信頼に足る史料を駆使して新選組のリアルな実像に迫り、幕末維新史のダイナミックな構造の中でとらえ直す、画期的〝新選組史論〟。「浪士組・新徴組隊士一覧表」を収録。

G370
新版 漱石論集成
柄谷行人

思想家柄谷行人にとって常に思考の原点であった漱石に関する評論、講演録等を精選し、集成。同時代の哲学・文学との比較など多面的な切り口からせまる漱石論の決定版。

G371
ファインマンの特別講義
—惑星運動を語る—
D.L.グッドスティーン
J.R.グッドスティーン
砂川重信訳

知られざるファインマンの名講義を再現。三角形の合同・相似だけで惑星の運動を説明。再現にいたる経緯やエピソードも印象深い。

2018. 4

G372
ラテンアメリカ五〇〇年
―歴史のトルソー―
清水透

ヨーロッパによる「発見」から現代まで、約五〇〇年にわたるラテンアメリカの歴史を、独自の視点から鮮やかに描き出す講義録。

G373
〈仏典をよむ〉1 ブッダの生涯
中村元
前田專學監修

誕生から悪魔との闘い、最後の説法まで、ブッダの生涯に即して語り伝えられている原始仏典を、仏教学の泰斗がわかりやすくよみ解く。〈解説〉前田專學

G374
〈仏典をよむ〉2 真理のことば
中村元
前田專學監修

原始仏典で最も有名な「法句経」、仏弟子たちの「告白」、在家信者の心得など、人の生きる指針を説いた数々の経典をわかりやすく解説。〈解説〉前田專學

G375
〈仏典をよむ〉3 大乗の教え(上)
―般若心経・法華経ほか―
中村元
前田專學監修

『般若心経』『金剛般若経』『維摩経』『法華経』『観音経』など、日本仏教の骨格を形成した初期の重要な大乗仏典をわかりやすく解説。〈解説〉前田專學

G377
済州島四・三事件
―「島《タムナ》のくに」の死と再生の物語―
文京洙

一九四八年、米軍政下の朝鮮半島南端・済州島で多くの島民が犠牲となった凄惨な事件。長年封印されてきたその実相に迫り、歴史と真実の恢復への道程を描く。

岩波現代文庫[学術]

G378
平面論
―一八八〇年代西欧―
松浦寿輝

イメージの近代は一八八〇年代に始まる。さまざまな芸術を横断しつつ、二〇世紀の思考の風景を決定した表象空間をめぐる、チャレンジングな論考。〈解説〉島田雅彦

G379
新版 哲学の密かな闘い
永井均

人生において考えることは闘うこと――哲学者・永井均の、「常識」を突き崩し、真に考える力を養う思考過程がたどれる論文集。

G380
ラディカル・オーラル・ヒストリー
―オーストラリア先住民アボリジニの歴史実践―
保苅実

他者の〈歴史実践〉との共奏可能性を信じ抜く――それは、差異と断絶を前に立ち竦む世界に、歴史学がもたらすひとつの希望。〈解説〉本橋哲也

G381
臨床家 河合隼雄
谷川俊太郎
河合俊雄編

多方面で活躍した河合隼雄の臨床家としての姿を、事例発表の記録、教育分析の体験談、インタビューなどを通して多角的に捉える。

2018. 4